Jörg Zink
12 Nächte

Jörg Zink

# Zwölf Nächte

Was Weihnachten bedeutet

Eschbach

**Jörg Zink**, Dr. theol., geboren 1922, lebt als unabhängiger evangelischer Theologe und Schriftsteller in Stuttgart. Im Verlag am Eschbach sind seit der Verlagsgründung 1980 zahlreiche Titel von ihm erschienen.

Lieferbare Titel:
*Dem Herzen nahe*. Ein spirituelles Lesebuch (Buch 244).
*Gastliches Haus am Weg*. Zum Verstehen des Abendmahls und der Eucharistie (Buch 242).
*Geburt im Schnee* (Eschbacher KunstStück 740).
*Ich kann vertrauen* (Eschbacher LebensArt 898).
*Leben, das den Tod durchbricht*. Ermutigungen (Geschenkheft 549).
*Sei gesegnet jeden Tag*. Gute Wünsche aus dem alten Irland (Geschenkheft 118).
*Worte die dich tragen*. 32 Textkarten von Jörg Zink (Eschbacher Schatzkisten 007).

Das Titelbild und die Bilder im Innenteil stammen von **Klaus Ender** (geboren 1939).
Er lebt und arbeitet auf Rügen.


Bibliographische Information der Deutschen Nationalbibliothek:
Die Deutsche Nationalbibliothek verzeichnet diese Publikation in der Deutschen Nationalbibliographie; detaillierte Daten sind im Internet über http://dnb.d-nb.de abrufbar.

Überarbeitete Neuausgabe des erstmals 1991 im Verlag am Eschbach erschienenen Textes.
Dieser Band folgt den Regeln der alten Rechtschreibung.

ISBN 978-3-88671-979-2

Im Alten Rathaus/Hauptstr. 37
D-79427 Eschbach/Markgräflerland


www.verlag-am-eschbach.de

Gestaltung, Satz und Repro: Finken & Bumiller, Stuttgart.
Herstellung: Freiburger Graphische Betriebe, fgb

## INHALT

Von Herzen freundlich ist Gott.
Ein Licht aus der Höhe
wird uns besuchen,
wie die Sonne am Morgen aufstrahlt,
und wird uns allen erscheinen
in Finsternis und Schatten des Todes.
Er wird unsere Füße lenken
auf den Weg zum Frieden,
und der Friede wird
über unseren Schritten sein.
AUS LUKAS 1

Es ist lange her, daß die Tage des Advent Tage der Stille waren, in denen man einen inneren Weg Schritt um Schritt bedächtig ging durch die kürzer werdenden Tage und die langen Nächte auf die eine Stelle, die Krippe, zu, in der man mitten in der Dunkelheit ein Mysterium empfing. Es ist, als wäre das Heilige, das Geheimnis, verloren, überflutet von Lichtern und überlärmt von Worten, überrannt von rastloser Leere, vom Gerede über das Fest. Das Fest aber, das eine Quelle der Kraft war, ist wohl nur noch die Stunde, die anzeigt, daß die Kraft zu Ende ist.

Vielleicht sind die Wochen des Advent in der Tat verloren, jedenfalls für diese Generation oder für eine Reihe von Jahren. Für uns bleibt wohl nur, die Stille dort zu suchen, wo sie unzerstört ist: in den Tagen danach. Vielleicht verstehen wir mehr, wenn die Lieder gesungen und die Kerzen abgebrannt sind, wenn das Jahr auf seine letzte Stunde zugeht. Vielleicht entdecken wir heute eine Folge von Nächten neu, die für viele Generationen vor uns von hoher Bedeutung waren, die zwölf heiligen Nächte, deren Reihe am Christfest beginnt und auf das Fest der Erscheinung Christi hinführt. Vielleicht finden wir in ihnen noch die Stunde, in der wir allein sind mit einem Wort oder einem Bild, in der wir ein wenig vom Sinn unseres Daseins und dem Geheimnis Gottes berühren. Die Zeit um Weihnachten war seit alters von Nächten bestimmt, und alles Große und Wichtige geschah in der Nacht. Das war immer so. Im Jahrkreis der nördlichen Völker brachen die Götter um die Wintersonnenwende nächtens in das Leben der Menschen ein, bedrohlich und hilfreich, zerstörend und segnend zugleich. Das wilde Heer Wotans stürmte in den Winternächten über die Waldgebirge, Frau Holle zog über das Land hin, vom Heer der verstorbenen Kinder umgeben, und segnete das Feld und den Stall. Die Toten gingen um, und unberechenbare Mächte trieben ihr Unwesen, der Schimmelreiter und der Klapperbock, und mit Amuletten, mit Räucherwerk und Beschwörung schützte man Haus und Hof. Von den Nächten der Mütter sprach man unter den Angelsachsen, und mit den »Müttern« rührte man an Geburt und Tod, mit ihnen nannte man die Quelle, den Segen und die Gefahr für das atmende Leben.

Es ist lange her, seit die Christen in die Nächte der Götter ein Licht brachten, Klarheit in das dunkle Wirken der unberechenbaren Mächte, seit sie das einfache Wort von der Nähe Gottes den Angstträumen entgegensetzten, die Nachricht von dem gütigen Gott, der nicht im wilden Heer kommt, sondern wehrlos in der Gestalt eines Kindes, nicht in Sturm und Wetterwolken, sondern in der Stille. Nun erzählten die Nächte der Mütter von der einen, von Maria, dem schlichten, einfachen Menschenkind, das Gott dazu bestimmte, die Mutter dessen zu sein, der ein Bruder aller Menschen war. Sie erzählten nicht mehr von dem Heer der toten Kinder, sondern von der Geburt des Kindes, nicht mehr von Reitern und gespenstischen Tieren, sondern von den lichten Boten Gottes, die man Engel nennt, nicht mehr von einem Wirbel todbringender Macht von launischen Göttern, sondern von dem Frieden, den Gott auf dieser Erde stiften will.

Wir gehen in diesem Buch durch zwölf Nächte, weil wir wollen, daß in uns etwas Heilsames geschieht. Wir horchen auf das Wort, weil wir wollen, daß uns unsere Tage gelingen und nicht die Nachtgespenster, die Schrecken und die Angstträume unsere Tage verdüstern.

Es ist lange her, zwei Jahrtausende fast genau, seit das geschah, wovon Weihnachten erzählt. Viel zu lange. Nicht nur die Zeit ist uns fremd, sondern auch das Land. Der Weg ist weit aus unsrer Welt der Straßen und der Maschinen, der Fernsehgeräte und der Raketen in die einfache Welt des Stalles von Bethlehem. Aber wir suchen die Wahrheit, die damals galt und heute gilt. Wir suchen eine Berührung mit Gott und wissen, daß unser Menschenleben verloren, verdorben und verschüttet ist, wenn er nicht selbst in uns zur Welt kommt.

Die Gewalten, denen wir heute ausgeliefert sind, tragen andere Namen. Aber wir brauchen nicht weniger als unsere Vorfahren Licht, wo Dunkelheit ist, und Vertrauen mitten im Angsttraum. Der Friede ist auch uns zugedacht, und auch in uns kann etwas geschehen wie jene Geburt eines Kindes, durch das alles sich wandelt.

Fast zwei Jahrtausende ist es her, seit das bekannte Gebot von dem Kaiser Augustus ausging und Josef sich aus Galiläa aufmachte, um mit Maria nach Bethlehem zu reisen. Viel zu lange ist es her. Was gehen uns Josef und Maria an?

»Und da sie daselbst waren«, so erzählt die alte Geschichte, »kam die Zeit, daß sie gebären sollte, und sie gebar ihren ersten Sohn.« Unterwegs, in einem Stall. Aber was unterscheidet Maria von Millionen Müttern auf den Flüchtlingsstraßen dieser Erde?

»Und sie wickelte ihn in Windeln und legte ihn in eine Krippe, denn sie hatten sonst keinen Raum in der Herberge.« Was ist das Besondere? In Kisten und Schachteln liegen Millionen neugeborener Kinder in den Bretterbuden und Blechhütten am Rande heutiger Großstädte in Afrika, Indien und Südamerika.

»Und es waren Hirten auf dem Felde bei den Hürden, die hüteten des Nachts ihre Herden.« Sie warteten und hofften, wenn sie dazu noch die Kraft hatten, auf den Befreier, der Gerechtigkeit schaffen würde. Was unterscheidet sie von den Kulis, den Getretenen und Ausgenützten rund um den Erdball?

Eins fällt auf in unserer Geschichte: Da erhob sich eine Stimme, die sprach von der »großen Freude«. Mitten in der durchschnittlichen, kaum auffälligen Geschichte ist von einem Engel die Rede, von Klarheit, von Licht und von einer Rettung. Aber wer soll gerettet werden, und worüber sollen wir uns freuen? In der längst vergangenen Geschichte ist von einer Veränderung die Rede, die nicht nur einen Augenblick betrifft, sondern die Zukunft der Menschheit überhaupt. Einer Rettung, durch die eine bedrohte, angsterfüllte Welt sich wandeln soll in eine Heimat für Menschen.

In diesen Tagen hängen wieder die Tafelbilder der alten Meister an den Wänden, die Dürer und Altdorfer, die Ikonen und die Romantiker, und auf Postkarten gehen sie von Hand zu Hand. Stall, Krippe, Engel, Mutter und Kind, Ochs und Esel. Stroh, Balken unter dem Dach, Hühner auf der Stange, Vieh im dunklen Hintergrund. Ein Kind, das im Stroh liegt, warm geborgen in einem Kreis von freundlichen, behutsamen Menschen, eine Mutter, eine einfache Bäuerin: Maria, wie sie für viele Generationen Urbild und Inbegriff der Frau war, den Frauen in den christlichen Ländern Bild ihrer Hoffnungen und ihrer Leiden, ihrem Kind zugewandt, das die Quelle ihres Glücks ist.

Was geben uns die alten Bilder? Viele von uns haben ja nicht nur die Bilder verloren, sondern auch das Fest. Wir sind in eine Welt verschlagen, in der die Angst nicht mit einer romantischen Geschichte zu heilen ist. Wir sind Flüchtlinge. Unsere Welt ist uns zu groß geworden, weil sie stumm geworden ist in all ihrem Lärm. Randlos dehnt sich der Kosmos über den letzten Fixstern hinaus in eine gähnende, leere, nachtschwarze Welttiefe. Fast schon ist es gleichgültig, wohin es uns verschlägt und wo wir bleiben. Als Gefangene einer Welt, die keine Heimat mehr ist, leben wir mit unseren Ängsten. Selten erreicht uns ein Wort. Selten sprechen wir aus, was in uns ist.

So werden wir Heimatlosen einmal im Jahr gleichsam am Ufer des Christfestes angetrieben. Wir hoffen, Fuß fassen zu können, und wünschen uns ein Ende der Rastlosigkeit. Doch wir finden nur Erinnerungen, vielleicht an unsere Kindheit. Wir finden Bilder und Geschichten von früher und auf irgendeiner gemütsstarken altdeutschen Altartafel die Familie, die wir vermissen: den Vater, auf den Verlaß war, das Kind, das wir noch gerne wären, die Mutter, bei der wir zu Hause waren. Aber die Bibel erzählt die Geschichte vom Kind von Bethlehem ja nicht, weil wir unsere eigene Lebensgeschichte wiederfinden sollen, sondern weil das Kind später zu dem Mann heranwuchs, der den Verlassenen den Weg zum Haus des Vaters zeigte.

Dies ist das Erregende an der Lebensgeschichte jenes Jesus von Nazareth. Dies ist die heimliche Unruhe, die durch die Jahrtausende hin von ihm ausgeht: Er sagte von sich, er habe nicht einmal, was Füchse und Vögel hätten, nämlich einen Schlafplatz, wenn es Nacht wird. Zugleich aber bot er, der Heimatlose, den Heimatlosen seines Landes Tisch und Bank an und baute ihnen Wand und Dach aus Güte und Freundlichkeit.

Und so gehen wir an seinem Geburtstag durch die Nächte an der dunkelsten Stelle des Jahres. Wir nehmen auf, was da zu uns kommen will an Trost und Kraft, damit, wie der alte Priester Zacharias in der Weihnachtsgeschichte sagte, »unsere Füße den Weg zum Frieden finden und Friede über unseren Schritten« sei.

Versuchen wir es. Lassen wir die alte Geschichte zu uns reden.

# I Die Nacht der Weissagung

Die Weihnachtsgeschichte erzählt, in der Nähe des Stalls, in dem das Kind Jesus geboren wurde, seien Hirten gewesen, wachend unter dem nächtlichen Himmel. Sie seien plötzlich von einer Himmelserscheinung überwältigt worden und hätten eine Stimme gehört, die von der Geburt eines Kindes gesprochen habe. Man mag diesen Bericht eine Legende nennen, also eine Erzählung, die etwas, das innen, in der Seele eines Menschen, geschah, ins Äußere verlegt und es als Ereignis über den Hügeln einer Landschaft und unter den Sternen schildert. Immerhin, das Bild ist stark, und es fasziniert uns bis zum heutigen Tag. Es erinnert an ein altes Lied, das wir im Alten Testament lesen und das der Geschichte einen Anfang gibt, tausend Jahre vor jener Nacht. Es klingt wie eine Weissagung:

»Herr, unser Herrscher,
wie herrlich bist du in aller Welt! Wie herrlich ist dein Glanz
über den Himmel hin!«

So beginnt der 8. Psalm.

»Aus dem Munde der Kinder, ja, der Säuglinge
hast du eine Macht erweckt
um derer willen, die dich verachten,
und beendet die Feindschaft und Rachgier
unter den Menschen.
Wenn ich den Himmel schaue,
deiner Finger Werk,
den Mond und die Sterne,
die du ausgebreitet hast –

was ist der Mensch,
daß du seiner gedenkst,
und des Menschen Kind,
daß du dich seiner annimmst?
Du hast ihn nur um Weniges
niedriger gemacht
als ein himmlisches Wesen.
Mit Ehre und Herrlichkeit
hast du ihn gekrönt.

Du hast ihm die Verantwortung übertragen
für deiner Hände Werk.
Alles legtest du ihm zu Füßen:
Schafe und Rinder und Tiere des Feldes,
Vögel des Himmels und Fische im Meer
und was immer die Wege des Wassers
durchzieht.

Herr, unser Herrscher,
wie herrlich bist du in aller Welt!«
(Psalm 8)

Wir lesen solche Lieder heute, als seien es einfach Dichtungen, die man las oder sang. Aber sie sind in aller Regel Teil und Ausdruck einer Feier, die wir uns kaum mehr vorstellen können. Sie sind Teil eines Festes, das unter Nomaden in der freien Steppe oder unter Bauern auf einem Hügel in der Nähe irgendeines Dorfes gefeiert wurde oder auch an einem Heiligtum, etwa dem Tempel in Jerusalem. Davon ist wenig überliefert. So haben wir die Freiheit, uns auszudenken, zu welcher Art Spiel, Prozession oder heiligem Drama das Lied stimmen mag. Ich stelle mir ein Spiel vor, das in der Nacht stattfand, unter einem der großen, klaren Sternhimmel jenes Landes. Ein langer Zug von Menschen geht nach Art einer Prozession im Kreis um einen Altar, irgend-

wo auf einem freien Platz oder auf einer Hochfläche in der Steppe. Sie feiern das Neumondfest, wie es das Volk des Alten Testaments durch viele Jahrhunderte gefeiert hat, in einer Dorfgemeinschaft oder einem Familienclan.
Männer mit den »Hörnern«, einer Art von Trompeten aus dem Gehörn von Widdern, gehen an der Spitze. Dahinter die Priester und danach die Gemeinde. Sie gehen ihre Kreise in der Dunkelheit unter den Sternen, und ein Chor beginnt mit dem Aufgesang:

»Herr, unser Herrscher,
wir herrlich bist du in aller Welt!
Wie herrlich ist dein Glanz
über den Himmel hin!«

Dann antwortet ein Einzelner, vielleicht einer der Priester:

»Wenn ich den Himmel schaue, deiner Finger Werk,
den Mond und die Sterne,
die du ausgebreitet hast –
was ist der Mensch,
daß du seiner gedenkst,
und des Menschen Kind,
daß du dich seiner annimmst?

Du hast ihn nur um Weniges
niedriger gemacht
als ein himmlisches Wesen.
Mit Ehre und Herrlichkeit
hast du ihn gekrönt.«

Er stellt sich den Thronsaal Gottes über den Sternen vor, über der von Lichtern besetzten dunklen Himmelskuppe. Dort stehen um den Thron des himmlischen Herrschers himmlische Wesen: Engel mit den Namen Serafim oder Cherubim; Mächte zwischen Gott und den Menschen; Boten, die Gott aussendet, um den Menschen seinen Willen anzusagen, die himmlischen Heere, die »Zebaoth«. Der Kreis der Menschen unten aber bildet ihm jenen größeren ab, den Kreis der gottähnlichen Wesen im Himmel. Und er staunt darüber, daß die Menschen auf der Erde dasselbe tun dürfen und können wie die himmlischen Diener Gottes, daß die Menschen wie sie fähig sind, Gott zu rühmen:

»Du hast ihm die Verantwortung übertragen
für deiner Hände Werk.
Alles legtest du ihm zu Füßen:
Schafe und Rinder und Tiere des Feldes,
Vögel des Himmels und Fische im Meer
und was immer die Wege des Wassers
durchzieht.«

Und wieder antwortet dem Sprecher die ganze Gemeinde der Feiernden:

»Herr, unser Herrscher,
wie herrlich bist du in aller Welt.«

Aber da stehen nun in unserem Lied seltsame Worte, Gedanken, bei denen wir es schwer haben, zu verstehen, was sie meinen:

»Aus dem Munde der Kinder, ja, der Säuglinge
hast du eine Macht erweckt
um derer willen, die dich verachten,
und beendet die Feindschaft und Rachgier unter den Menschen.«

Ich kann mir denken, daß auch Mütter mit kleinen Kindern sich unter den Feiernden befanden. Und ich kann mir denken, daß sie nicht still blieben, sondern das eine oder andere zu schreien anfing. Aber das Kindergeschrei wurde nicht als störend empfunden, es wurde aufgenommen in das Lied der Erwachsenen, als Beitrag der Kinder, als ihr angemessener Anteil am anbetenden Gesang.

Das Lied will sagen: Hier sind Kinder, und diese Kinder haben die unerhörte, die unfaßliche Größe und Würde des Menschen mitgebracht. Sie werden eines Tages wie wir die Herrschaft Gottes über die Kreatur stellvertretend mit ausüben. Wenn wir, Erwachsene und Kinder, uns hier in der Nacht zum Fest versammeln, dann ist Frieden. Dann endet die Feindschaft nicht nur unter den Menschen, sondern auch die Feindschaft zwischen dem Menschen und der Kreatur, und der ganze Kosmos stimmt ein in das Lob des feiernden Kreises. Und so staunen sie miteinander darüber, daß der Herr des Himmels und der Erde sich zu dem kleinen Menschenkind herabneigt; sie staunen darüber, daß der kleine Mensch fähig ist, ihm mit Vertrauen und Hingabe und mit der Feier eines Fests zu antworten, ob er nun erwachsen ist oder noch im Arm seiner Mutter liegt. Sie staunen über das Mysterium, das Gott in das Wesen des Menschen gelegt hat.

»Des Menschen Kind«, sagen sie, wörtlich heißt es: »das Kind Adams«. Im Namen Adam liegt das Wort Adama, Erde. Das Kind der Erde – dieser Gedanke schwingt in dem Wortspiel mit – ist zugleich ein Kind des Himmels, wenig niedriger als ein himmlisches Wesen. Und so weiß der Mensch, wo sein Ort ist im Ganzen jener großen Welt, die Gott gehört. Er kennt sein Amt und seinen Auftrag.

Auch dieses ist angedeutet: Die feiernden Menschen auf der Erde sahen auch im Weltraum eine feiernde Familie. Da stehen die vielen »Kinder des Himmels«, die Sterne, und preisen Gott, und aus ihrem Mund hat Gott eine Stimme geweckt, vor der die Verächter verstummen.

Noch mehr: Die neue Mondsichel war für die alten Völker das auferstehende Gestirn. Der Mond war als Neumond im Tode untergegangen, von der Finsternis verschlungen. Nun war er auferstanden, gleichsam neugeboren. Und der Hymnus, den die Menschen auf der Erde sangen, war so etwas wie der Geburtsschrei des himmlischen Gestirns. Man mag einwenden, dies sei eine primitive, eine magische Weltsicht. Vielleicht aber sollten wir Heutigen begreifen, wie viel uns die Erinnerung an das Wissen früherer Jahrtausende helfen könnte, wenn wir nach dem Sinn und dem Auftrag unseres Menschendaseins auf dieser Erde suchen.

Denn der Mensch ist von Gott zu einem einzigartigen Rang berufen: Er ist zwischen die Kreatur und Gott gestellt, wenig niedriger als Gott, und hat seine Verantwortung für die Schafe und Rinder, die wilden Tiere, die Vögel und die Fische im Meer im Auftrag Gottes wahrzunehmen. Man kann dem Menschen keine höhere Würde zuschreiben als dieses fast zweitausendfünfhundert Jahre alte Lied es tut. Zugleich nimmt dieses Lied in sehr früher Zeit die Hoffnung vorweg, die später, in den letzten Jahrhunderten vor Jesus, sich auf jenes Kind richtete, in dem Himmel und Erde sich verbinden sollten. Und wieder, wenn das Fest zu Ende geht, ist Stille über der Steppe unter dem Sternenhimmel.

Aus einer späteren Generation hören wir eine ganz andere Stimme. Als das Volk des Alten Testaments aus seinem Land durch eine fremde Macht weggetrieben war, als es in Babylon, südlich des heutigen Bagdad, gefangen saß, fern von seinen alten Weidegebieten und seinen heiligen Orten, schrieb einer ein Klagelied. Es klingt, als rufe er aus der tiefen Erfahrung der Verlassenheit nach der früher so selbstverständlichen Nähe Gottes und der himmlischen Mächte:

»Komm wieder zu uns, Herr!
Schaue vom Himmel, sieh herab
von deiner heiligen, herrlichen Wohnung!
Wir Menschen wissen nichts von deiner Macht
und sehnen uns doch nach deiner Liebe und
Barmherzigkeit.

Du, Herr, bist unser Vater.

Von der Urzeit her warst du der Erlöser
für die, die dich suchten.
Komm wieder zu deinen Knechten
und besuche dein Volk, das dir gehört!
Fast sieht es so aus,

als hättest du niemals über uns geherrscht,
als hätten wir deinen Namen nie getragen.
Ach, wenn du doch den Himmel zerrissest!
Ach, wenn du doch herabkämst,
daß die Mächte der Welt vor dir vergingen,
daß sie verglühten wie Reisig im Feuer!
Daß sie verdampften
wie siedendes Wasser über der Flamme.
Keine Hilfe gibt es für die,
die dich anrufen, als dich allein.
Seit alten Zeiten bist du denen begegnet,
die auf deinem Weg nach dir suchten.
Ja, du bist uns ferne gerückt,
als wir ohne dich lebten.
Und nun sind wir unrein,
unsere Frömmigkeit ist wie ein
verschmutztes Kleid.
Wir sind verwelkt wie Blätter,
und unsere Sünden wirbeln uns dahin
wie der Wind.
Jeder lebt, als gäbe es dich nicht.
Jedem ist sein einsamer Weg genug.
Denn du bist uns fern, und wir sehen dich nicht.
Du läßt uns allein mit unserem Unrecht,
und das Unrecht drückt uns zu Boden.
Aber das ist doch wahr, Herr:
Du bist unser Vater.
Wir sind Ton, du bist unser Töpfer.
Wir alle sind deiner Hände Werk.«
(Aus Jesaja 63 und 64)

Der Sänger sieht das Unglück seines Volkes. Aber er birgt sich trotz allem in der Würde, die ihm, dem Menschen, unverlierbar verliehen ist: Gott zum Vater zu haben. Oder doch wenigstens zum Urheber, der

ihn aus dem Lehm der Erde gemacht und ihm seine Signatur eingeprägt hat.
Das ist wohl ein schwacher Trost. Die nächste Stufe auf diesem Weg ist die scheue Hoffnung, daß Gott redet, daß er uns besuche sozusagen, mitten in unserem Elend. Und das Wissen, daß wir Menschen die Kräfte haben, zu vernehmen, was uns mit leiser Stimme zugesprochen wird, die Fähigkeit zu hören, zu schauen, zu ahnen, was uns aus der größeren Welt berühren will.
Ich selbst habe es oft erlebt, daß Menschen wußten, was auf sie zukam, ohne daß es schon zu sehen oder zu vermuten war. Ich bin überzeugt, daß immer wieder Stimmen sich an uns wenden, die wir hören könnten, wären wir geübter in der Aufmerksamkeit und in der Wachheit der Seele, daß Worte an uns ergehen aus einem geheimnisvollen, verborgenen Hintergrund unseres Daseins. Ich glaube, daß wir Bilder schauen könnten, im Traum oder im Wachen, die uns zeigen, wie es um uns steht, auch Bilder, die die Zukunft zeigen, die auf uns zukommt. Denn Gott ist ein Gott der leisen Stimme und der andeutend offenbarenden Bilder.
Es ist mir darum überhaupt nicht verwunderlich, wenn ich in der Bibel von Weissagungen lese, von Visionen und Träumen und Seelenbildern, an denen sich ein bestimmter Glaube oder eine bestimmte Hoffnung festgemacht haben. Und ich finde es sachgemäß, wenn Spätere ihre eigene Situation oder ihren eigenen Auftrag vorweggenommen sahen in den Weissagungen der Früheren.
Als das Volk des Alten Testaments, wieder Jahrzehnte später, in seine Heimat zurückgewandert war und unter Not und Mühen neu anfing, ständig bedroht von Feinden, sang einer in Jerusalem den Menschen dieses Lied zu:

»Du Tochter Zion, freue dich!
Tochter Jerusalem, jauchze!
Sieh auf! Dein König kommt zu dir,
ein Gerechter und ein Helfer.
Sanft ist er und reitet auf einem Esel,

auf einem jungen Füllen der Eselin.
Er wird die Kriegswagen entfernen aus Israel,
die Kriegsrosse aus Jerusalem.
Den Bogen der Krieger wird er zerbrechen
und den Völkern Frieden geben.
Über das Haus Davids
und über die Bürger von Jerusalem
will ich den Geist der Gnade ausgießen,
den Geist des Gebets, spricht Gott.

Eine Quelle wird entspringen.
Für die Bewohner von Jerusalem wird sie fließen
und wird sie reinigen von ihrer Schuld.

Denn dein Gott hält Einzug,
und er wird König sein über alle Länder.«
(Aus Sacharja 9, 10 und 14)

Als Jesus selbst in der Synagoge seines Heimatdorfes, am Beginn seiner öffentlichen Wirksamkeit, das Wort ergreift, nimmt er eine alte Weissagung auf, die wir bei Jesaja lesen, und bezieht sie auf sich:

»Steh auf, werde Licht!
Denn dein Licht kommt,
und der Glanz des Herrn erstrahlt über dir.
Schau hin! Finsternis bedeckt die Erde,
Dunkel die Völker.
Doch über dir strahlt der Glanz Gottes auf,
und sein Licht breitet sich über dich …

Friede wird dein Land regieren,
und Gerechtigkeit wird über dich herrschen …
Die Sonne wirst du nicht mehr brauchen

als Licht für den Tag,
den Mond nicht mehr zum Schein für die Nacht.
Gott selbst wird dein ewiges Licht,
Gott wird dein Glanz sein.«
(Aus Jesaja 60)

In diesem Lied tritt ein Prophet auf, der seinen eigenen Auftrag beschreibt, und diese Stimme macht sich Jesus zu eigen. Er sagt: Das ist auf mich zugesprochen. Das meint mich. Das gilt von mir:

»Der Geist Gottes ruht auf mir,
denn einen Auftrag hat mir Gott gegeben,
eine Botschaft: Freude für die Leidenden.
Er hat mich gesandt,
die wunden Herzen zu verbinden,
den Gefangenen die Freiheit anzukündigen
und den Gefesselten die Befreiung,
und zu rufen:
Jetzt ist die Stunde, in der Gott hilft.«
(Aus Jesaja 61; vgl. Lukas 4, 18f)

Was lange vor Jesus von erleuchteten Menschen angekündigt worden war, bezieht Jesus auf sich selbst und seinen Auftrag. Wenn aber Jesaja von jenem Kind spricht, das die Erlösung bringen soll, dann hat die Christenheit in ihm mit Recht immer schon das Kind Jesus gesehen:

»Das Volk, das im Finstern wandert,
sieht ein großes Licht.
Über denen,
die im Lande des Schattens wohnen,
strahlt ein Glanz auf.
Du lässest den Jubel aufklingen,
du schenkst überströmende Freude,
daß sie sich freuen vor dir,

wie man sich freut in der Ernte,
wie man fröhlich ist beim Teilen der Beute.
Denn du hast das Joch zerbrochen,
auf dem sie ihre Last trugen,
und den Stecken, mit dem man sie schlug.
Nun wird jeder Stiefel,
der mit Dröhnen auftritt,
und jeder Mantel, der durch Blut schleifte,
verbrannt und ein Fraß des Feuers.

Denn ein Kind ist uns geboren,
ein Sohn ist uns gegeben,
und die Herrschaft liegt auf seiner Schulter.«
(Jesaja 9,1–5)

Ein Volk, das durch eine sehr dunkle Geschichte ging, sah den Aufgang eines Sterns voraus. Wenn wir an Weihnachten seine Lieder und Weissagungen lesen, nehmen wir seine Hoffnung und seine Ahnung auf und feiern den, der als erwachsener Mann selbst gesagt hat, er sei das Licht der Welt. Wir bedenken dabei, daß er auch gesagt hat, wir Menschen hätten den Auftrag, wie er und ihm nach Lichter dieser Welt zu sein, Sterne über einem dunklen Land.

# II Dunkel über der Erde

Die Welt kann sehr anders aussehen, je nachdem, ob man ihre Verhältnisse von oben betrachtet oder von unten erleidet. Als Jesus die Weissagung des Jesaja auf sich bezog, war sein Land voll vom »Gedröhn der Stiefel«, voll Gewalt und menschenverachtender Brutalität.

»Es begab sich aber zu der Zeit, daß ein Gebot von dem Kaiser Augustus ausging, daß alle Welt eine Steuer zu zahlen hätte. Diese Steuer im ganzen Reich war die allererste und geschah zu der Zeit, als Quirinius Landpfleger in Syrien war.« So berichtet der Evangelist Lukas (2,1 f).
Nichts gegen Kaiser Augustus. Er war einer der tüchtigsten und gerechtesten Herrscher, die die Alte Welt kennt. Er stand den Menschen seiner Zeit als der souveräne Repräsentant des göttlichen Willens auf dieser Erde vor Augen, um Frieden und Gerechtigkeit bemüht, Garant des Wohlergehens der Menschen. Wenn man seine Herrschaft von oben her betrachtete, dann erschien seine Gestalt umstrahlt von religiösem Glanz. Während er im Jahr 44 vor Christus seinen Sieg über Pompejus feierte, erschien am Himmel ein Komet. Augustus bezog den Kometen, der offenbar zum Antritt seiner Herrschaft erschienen war, auf sich. In ihm sah er ein Zeichen seiner Wiedergeburt zum Auserwählten der Götter. Von da an bezeichnete man die Verkündigung seines Geburtstages als »Evangelium«. Er galt als der angekündigte Friedensbringer, Herr und Retter, und die Entwicklung gab ihm recht. Rom wurde zu seinen Zeiten Metropole eines weitgehend befriedeten Reichs von Spanien bis zum Euphrat und von Ägypten bis zur Donau. Nicht nur das Stammland Italien, sondern vor allem der von unzähligen Kriegen geschundene Orient schaute mit großer Hoffnung auf ihn.
Der römische Dichter Vergil überhöht diese Hoffnung in höfischer Übertreibung:

»Schon kehrt
die göttliche Jungfrau zurück
und die goldene Urzeit.
Schon steigt vom hohen Olymp
ein neues Geschlecht
zu uns nieder.
Sei der Geburt des Knaben,
mit dem jetzt das eiserne
Weltjahr endlich sich schließt und
das goldene rings sich erhebt
auf dem Erdkreis –
keusche Diana – geneigt!
Dies ist der Mann, dies ist er,
der längst den Vätern verheißene,
Caesar Augustus, Sohn Gottes und
Bringer der Goldenen Endzeit.«

Eine Inschrift im kleinasiatischen Priene preist Augustus:

»Die Vorsehung,
die alles ordnet
in unserem Leben,
bewies Eifer und Ehrgeiz,
denn sie bestimmte das Beste
für unser Leben:
Sie sandte Augustus,
machte voll ihn der Würde,
den Menschen zum Heil.
Sie schickte uns den
Heilbringer
und unseren Kindern.«

So mag ein Dichter am Hof eines Kaisers singen. Für die Menschen, die unter seiner Herrschaft sind, sieht manches sehr anders aus. Wenn Lukas erwähnt, es habe eine »Schätzung« stattgefunden, und jedermann habe sich in seine Vaterstadt begeben, um seine Steuer festlegen zu lassen, so stand dahinter eine Gewaltmaßnahme, die wir uns nur schwer vorstellen können.

Sie geschah in zwei voneinander unabhängigen Schritten: Einmal in der »Aufschreibung«, das heißt der namentlichen Erfassung aller Personen, die über Grund- oder Hauseigentum oder sonstigen Besitz verfügten. Zum anderen in der »Schätzung«, das heißt der Festlegung der Summe, die der Betreffende als Steuer abzuführen hatte. Die beiden Schritte konnten Jahre auseinanderliegen.

Eine Inschrift, die in Ankara gefunden wurde, berichtet, Augustus habe dreimal während seiner Regierungszeit diesen »Zensus« angeordnet: im Jahr 28 vor Christus für alle römischen Bürger, im Jahr 8 vor Christus und im Jahr 14 nach Christus für das ganze Reich. Es stimmt also: »Diese Schätzung war die allererste.« Da aber diese Steuererhebung die Bewohner des Reiches immer mit brutaler Härte traf, revoltierten im Jahr 12 vor Christus die Gallier, im Jahr 11 vor Christus die Dalmatier, im Jahr 10 vor Christus die Ägypter und so weiter.

Eine ägyptische Inschrift teilt mit, wie der dortige Statthalter die Aufschreibung anordnet: »Da die Aufschreibung bevorsteht, ist es notwendig, allen, die aus irgendeinem Grund außerhalb ihrer Heimatbezirke leben, zu gebieten, daß sie zurückkehren an ihren heimatlichen Herd, damit sie die üblichen Verpflichtungen zur Schätzung erledigen und danach sich der Arbeit an ihren Feldern zuwenden.« Entsprechend lautet eine Verordnung, die im ganzen Reich galt: »Wer Grundbesitz in einer Gemeinde hat, muß seine Erklärung in derjenigen Gemeinde abgeben, in deren Bezirk der Grundbesitz liegt.«

Wie es aber bei der »Aufschreibung« zuging, berichtet der römische Schriftsteller Lactantius: »Die Zensoren erschienen allerorts und brachten alles in Aufruhr. Die Äcker wurden Scholle für Scholle vermessen, jeder Weinstock und Obstbaum wurde gezählt, jedes Stück Vieh jeder Gattung wurde registriert, die Kopfzahl der Menschen wurde notiert, in den autonomen Städten wurde die städtische und ländliche Bevölkerung zusammengetrieben, alle Marktplätze waren verstopft von herdenweise aufmarschierenden Familien, jedermann erschien mit der ganzen Schar seiner Kinder und Sklaven, überall hörte man die Schreie derer, die mit Foltern und Stockschlägen verhört wurden, man spielte die Söhne gegen die Väter aus und preßte die treuesten Sklaven zu Aussagen gegen die Herren, die Frauen gegen die Ehemänner. Wenn alles vergeblich durchprobiert war, folterte man die Steuerpflichtigen, bis sie gegen sich selber aussagten, und wenn der Schmerz gesiegt hatte, schrieb man steuerpflichtigen Besitz auf, der gar nicht existierte. Es gab keine Rücksicht auf Alter und Gesundheitszustand. Kranke wurden herbeigeschleppt und Gebrechliche, das Lebensalter wurde nach Schätzung notiert, das Alter der Minderjährigen heraufgesetzt, das der Greise herabgesetzt, alles war erfüllt von Kummer und Jammergeschrei.«

Da auch Ehefrauen erscheinen mußten, entspricht der Bericht des Lukas durchaus der Rechtslage.

Aus einer Notiz des Kirchengeschichtsschreibers Eusebius (um 265–339) erfahren wir ferner, daß die Verwandten Jesu noch in der Zeit des Kaisers Domitian (81–96 nach Christus), also im Zusammenhang des Zensus des Jahres 89 und 90, zur Erklärung ihres Grundbesitzes nach Bethlehem zu reisen hatten.

Was nun die zeitliche Ansetzung der von Lukas erwähnten Aufschreibung betrifft, so fügt sich die vom Jahre 8 vor Christus bezeugte in den historischen Rahmen. Zu dieser Zeit lebte Herodes noch, Quirinius war Legat des Kaisers in Syrien, und im Jahr 7 setzen wir die Geburt Jesu an. Das Jahr 8 war das Jahr einer schweren Krise im Land der Juden. Herodes hatte ohne Erlaubnis des Kaisers einen Feldzug gegen ein Nachbarvolk unternommen. So nahm Augustus ihm den Rang eines »verbündeten Königs« und machte ihn zum bloßen Untertanen. Weil in diesem Zusammenhang nun von allen Bewohnern von Judäa, Samaria und Galiläa der Treueid dem Kaiser gegenüber gefordert wurde und dies dem Glauben der Juden widersprach – sie wollten nur einen Gott haben und nicht noch andere neben ihm –, kam es zu Massenhinrichtungen frommer Juden.



Die Aufschreibung des Landes war mit diesem Glauben ebensowenig zu vereinbaren. Der Jude sah sein Land als Eigentum Gottes an und die Aufschreibung als Übergriff. So kam es zu Aufständen.

In eben jenen Tagen einer landesweiten politischen Erregung wanderten Josef und Maria nach Bethlehem.

Nazareth, wo sie aufbrachen, ihre Heimat, hatte an den Kriegen und Gewalttaten jener Zeit einen für die Bewohner kaum erträglichen Anteil. Nach dem Tode des Königs Herodes im Jahr 4 vor Christus, also zu der Zeit, als Josef und Maria mit dem dreijährigen Jesus aus Ägypten nach Nazareth zurückwanderten, erhob sich dort die Partei der Pharisäer gegen den Sohn des Herodes; Archelaus, der sich mit herrischem Auftreten als Nachfolger durchzusetzen suchte.

Der Aufstand war für Rom so gefährlich, daß der römische Statthalter von Syrien, das heißt des ganzen Gebietes von der heutigen Türkei bis Ägypten, mit drei Legionen in Galiläa einmarschierte. Er hieß Varus und war derselbe, den wir von seiner katastrophalen Niederlage gegen Hermann den Cherusker in der Schlacht im Teutoburger Wald, dreizehn Jahre später, kennen.

Das Zentrum des Aufstandes war die Stadt Sepphoris, sechs Kilometer nordwestlich von Nazareth. Es war nicht das erste Mal, daß diese Stadt vom Krieg heimgesucht wurde. Der Überlieferung nach stammten die Eltern der Maria von dort. Sie hätten, als Maria ein Kind war, so wird berichtet, von dort flüchten müssen, weil die Stadt von römischen Soldaten geplündert und zerstört worden sei, und hätten sich danach in Nazareth niedergelassen. Varus also zerstörte Sepphoris erneut. Was die Eroberung einer aufständischen Stadt gegen die Römer für die Bewohner und für den ganzen Umkreis bedeutete, das beschreiben die Zeitgenossen: Brand, Raub, Foltern, Kreuzigungen für die Bevölkerung im ganzen Land. Varus zog nach getaner Arbeit durch Samarien nach Jerusalem und ließ unterwegs rund zweitausend Juden kreuzigen.

Als Jesus zwölf Jahre alt war, wiederholte sich dasselbe mit allen Greueln, Mordtaten und Plünderungen, und das höhlenreiche Bergland bot den Bewohnern immer wieder einen letzten Schutz. Damals entstand in Galiläa die Partei der Zeloten, der »Eiferer«, die ebenso orthodox jüdisch wie extrem nationalistisch gesinnt waren.

Im Jahr 14 aber, als Jesus einundzwanzig Jahre alt war, breitete sich die Verzweiflung über eine neue Steuererhebung noch einmal über das geschundene Land aus.

Friedlich waren die Zeiten nicht, in denen Jesus ein Kind war. Wenn Jesus später von den Wegen zum Frieden spricht, dann spricht er am See Genezareth wenige Kilometer von den Schlupflöchern der Zeloten entfernt, und nicht, wie man ihm immer wieder gerne vorwarf, ahnungslos aus einer Idylle des Friedens, in der man nicht gewußt habe, wie die politische Wirklichkeit beschaffen sei. Er spricht seine Seligpreisungen, er redet über die Gewaltlosigkeit und über die Liebe zum Feind in einem Land, das in jenen Jahrzehnten kaum so etwas wie Frieden kennengelernt hat. Er wußte genau, von wem er redete, wenn er von den Armen, den Verfolgten und den Leidtragenden sprach. Er war einer von ihnen. Er ist mit ihnen aufgewachsen.

Seine Familie war arm. Abgesehen davon, daß in einem Land, in dem die Römer alle paar Jahre einen Aufstand niederschlugen, niemand mehr hatte als das Feld, das er bebaute, und darüber hinaus kaum mehr, als was er auf dem Leib trug, war Nazareth ein kleiner Ort, in dem die Menschen mehr unter als über der Erde lebten. Man fand ungefähr fünfundsechzig Höhlenwohnungen, die zum Teil drei Stockwerke übereinander aus dem Felsen gehauen und durch Gänge verbunden waren. Wenn von Josef gesagt wird, er sei ein »Tekton« gewesen, ein Mann, der Häuser baut, so war er kein Zimmermann, wie man in Deutschland immer gerne annahm, sondern eher schon einer, der Lehmhütten baute oder Wohnungen aus dem Felsen schlug.

»Selig sind die Armen«, sagt der erwachsene Jesus. Gott wird sie trösten. Er wird sie in sein Reich aufnehmen. Er meint Menschen, die der Gewalt der Mächtigen und der Gewalt der Bewaffneten ausgeliefert sind, ausgebeutet und gequält. Wenn ich mir vorstelle, was für ein Leid in jedem Erdloch erlitten wurde und was für ein Jammer das Land erfüllte, dann denke ich an das Klagelied des Jeremia nach der Zerstörung von Jerusalem:

»Ach, wie ist verlassen die volkreiche Stadt …
Sie weint und weint in der Nacht,
Tränen rinnen ihr über die Wangen.

Keiner ist, der sie tröstet,
unter ihren Geliebten …
Die Tore der Stadt veröden.
Die Priester seufzen,
die Jungfrauen kümmern dahin,
die ganze Stadt liegt im Weh …
Ihre Kinder zogen gefangen dahin
vor dem Feind …

Stumm sind die Propheten,
sie hören kein Wort mehr von Gott.
Schweigend kauern am Boden
die Ältesten des Volks,
streuen sich Staub auf das Haupt
und kleiden sich mit Säcken.

Die Jungfrauen lassen ihre Köpfe hängen.
Ich weine mir fast die Augen aus,
Feuer brennt in mir, wenn ich denke,
wie Kinder und Säuglinge verschmachten
in den Gassen der Stadt.
Wie sie schreien zu den Müttern:
Wo ist Brot?
Wie sie ihr Leben aushauchen auf dem Schoß
ihrer Mütter …

Klage, du Tochter Zion!
Wie einen Bach laß rinnen deine Tränen
bei Tag und bei Nacht …«

Unter solchen Verhältnissen also fand die Wanderung von Josef und Maria nach Bethlehem statt. »Es begab sich aber zu jener Zeit, daß ein Gebot von dem Kaiser Augustus ausging, daß alle Welt für eine Steuer zu veranlagen sei.« Es war keine Idylle. Die Nacht des Unrechts, der Gewalt, der Quälerei und Ausbeutung lag schwer über dem Lebensschicksal der Familie, aus der Jesus kam.

# III Maria und die Nacht der Gotteserfahrung

Viele Jahrhunderte haben mit unendlicher Liebe dem Gedanken der Jungfräulichkeit nachgesonnen, die die Erzählung über Maria so dicht mit ihrer Mutterschaft verwebt. Vor goldenem Hintergrund malten die Meister ein zartes, liebliches Wesen, das sich still und gesammelt ihrem Kind zuwendet, während das Kind spielend und vertrauend auf ihrem Arm ruht, ihr ganz gehörend – oder besser: dem sie ganz gehört. Nicht nur das Geheimnis der Weihnachtsgeschichte legten sie in ihre Bilder, in die warmen Farben und die weichen Gewandfalten, sondern auch das des Mädchens und der jungen Frau. So still, so schön, so selbstverständlich sollte es wohl aussehen, wenn ein Mädchen zur Mutter wird. So vollkommen sollte sich die Welt darbieten, so unversehrt, wenn ein Kind auf den Armen einer Mutter ist. So rein, so klar vermag ein Mensch der Schöpferkraft Gottes Raum zu geben, so vollkommen vermag er Werkzeug zu sein.
Ist der christliche Glaube über den Gedanken von der Jungfrauschaft der Maria hinausgewachsen? Nur dann, wenn er verleugnen wollte, was er über den Menschen weiß, über Gott, der ein Mensch war.

Am Anfang steht die Szene, wie der Engel zu Maria in die Kammer tritt: »Da wurde der Engel Gabriel von Gott gesandt in einen Ort in Galiläa, der heißt Nazareth, zu einem Mädchen, das verlobt war mit einem Mann namens Josef vom Geschlecht Davids, und das Mädchen hieß Maria. Der Engel kam zu ihr hinein und sprach: Sei gegrüßt, du Begnadete! Der Herr ist mit dir! Sie aber erschrak über die Rede und dachte: Was soll dieser Gruß? Der Engel aber fuhr fort: Fürchte dich nicht, Maria, du hast Gnade bei Gott gefunden. Du wirst schwanger werden und einen Sohn gebären, dem sollst du den Namen Jesus geben. Der wird groß sein und ein Sohn des Höchsten genannt werden, und Gott wird ihm den Thron seines Vaters David geben, er wird ein König sein über Israel in Ewigkeit, und sein Reich wird kein Ende haben. Da sprach Maria zu dem Engel: Wie soll das zugehen? Ich war mit keinem Mann zusammen. Der Engel antwortete und sprach zu ihr: Heiliger Geist wird über dich kommen. Die Kraft des Höchsten wird dich überschatten, Darum wird das Heilige, das von dir geboren wird, Gottes Sohn genannt werden. Maria aber sprach: Ich bin des Herrn Magd. Mir geschehe, wie du gesagt hast. Und der Engel schied von ihr.« (Lukas 1,26–38)

Wer ist Maria? Für die Menschen ihrer Zeit war sie keine Gottesmutter, sondern ein schlichter Mensch ohne besondere Merkmale der Heiligkeit. Sie lebte wie Millionen anderer, so verhüllt, so unbekannt. So beschäftigt mit Wasserholen, wie Millionen anderer Frauen in den Ländern des Nahen Ostens sich an den Brunnen trafen, und in ihrem Haus. Niemand konnte wissen, was ihr geschehen war. Niemand hatte einen Engel gesehen. Niemand hätte ihr Wort ertragen, hätte sie ihre Geschichte erzählt. Erst nach dem Tode ihres Sohnes, lange danach, wurde ihre Geschichte aufgeschrieben und mit ihr das Geheimnis des Mannes, der ihr Kind war.

Sie war mit Josef verlobt. Die Geschichte von der Geburt Jesu nennt sie Josefs »angetraute Frau« (Lukas 2,5). Aber offenbar empfing sie ihr Kind vor der Hochzeit. Es muß wohl irgendein Skandal damit verbunden gewesen sein, an den sich die Menschen noch Jahrzehnte später erinnerten. Vielleicht war das Kind gar nicht von Josef? Wenige Leute sind genug, um das Gerede durch eine ganze Stadt zu tragen. Das Gerede kann man nicht überhören oder gleichgültig nennen. Es war im Lauf der Jahrhunderte – auch der christlichen Geschichte – für Millionen Frauen und Mädchen tödlich.

Nehmen wir an, heute, im Milieu einer noch kaum überwundenen Bürgerlichkeit, erklärte eine junge Frau, ein Engel habe ihr gesagt, das Kind, das sie trage, sei aus Gottes Geist. Wenn man sie schon nicht der Psychiatrie übergibt, nimmt sich wenigstens die Boulevardpresse ihrer Geschichte an.

Aber weiter: Nehmen wir an – nun ohne den Goldglanz der heiligen Geschichte –, ein Mädchen habe vor nicht allzu lange vergangenen Zeiten ein Kind erwartet. Ein Mädchen erlebte einen jungen Mann, den sie liebte, als einen Boten des Himmels und sagte ja. Aus der echten und tiefen Liebe zwischen zwei jungen Menschen – unverheiratet, versteht sich – sei also ein Kind hervorgegangen.

Millionen junger Mädchen haben erlebt, wie das Heilige, das ihnen widerfuhr, zur Sünde gemacht wurde. Sie erlebten, wie sie selbst, der geliebte junge Mann und das Kind, miteinander ins Geschwätz der Menschen gerieten und wie sie selber dort zur Hure gemacht wurden. Wie Frömmigkeit und Rechtschaffenheit als Vorwand dienten dafür, daß die Gier und die lüsterne Phantasie ihrer Umwelt sich an ihnen sättigten, ehe man sie ihrem Schicksal oder einer sogenannten Gerechtigkeit überließ.

Immerhin, Maria konnte von Glück sagen. Josef bekannte sich zu ihr, vielleicht ohne daß die Herkunft des Kindes geklärt war. So blieb ihr das tödliche Schicksal erspart, das das Gesetz für solche Fälle vorsah.

Maria hatte überdies das große Glück, eine kluge und warmherzige Freundin zu haben. In den Tagen, als sie entdeckte, daß sie ein Kind erwartete, ging sie weg von zu Hause, wanderte durch das Gebirge in ein Dorf bei Jerusalem, fragte sich zu Elisabeth durch, wurde bei ihr, die selbst ein Kind erwartete, aufgenommen und blieb bei ihr drei Monate.

Vor wem sie zu Elisabeth geflohen ist, wird nicht gesagt. Vielleicht fürchtete sie sich vor Josef. Vielleicht vor dem Gerede in ihrem Dorf. Sie muß jedenfalls ein Ja finden zu dem, was auf sie zukommt. Das »Mir geschehe, wie du gesagt hast« war das Ja eines Augenblicks. Aber es muß viel mehr bejaht werden. Die Einsamkeit. Das Geschwätz. Die Anklage. Möglicherweise die Verurteilung.

Ihre Base Elisabeth greift ihr unter die Arme: Ja, das ist schön, daß du ein Kind erwartest. Ich glaube dir, wenn du von einem Engel erzählst, ganz unabhängig von dem, was wirklich geschehen ist. Ich glaube, daß Gott dir das besondere Kind anvertraut hat, den Erlöser, den Christus. Sie macht ihr Mut, sie hilft ihr, sich auf das Kind zu freuen, sie hilft ihr, vom jungen Mädchen zur Frau zu werden. Schließlich stimmt Maria ein und singt das Lied von der Freude über Gott, das ähnlich schon tausend Jahre früher Hanna, eine andere Mutter, gesungen hatte, als ihr ein Kind von Gott zugesagt war:

»Meine Seele rühmt den Herrn,
und mein Geist freut sich über den Gott,
der mir hilft.
Denn er hat seine Magd, die so niedrig ist,
wert geachtet.
Glücklich werden mich preisen
Menschen und Völker zu allen Zeiten.

Der Mächtige hat Großes an mir getan,
er, der Heilige.
Von Geschlecht zu Geschlecht
waltet seine Barmherzigkeit
über denen, die ihn fürchten.

Gewaltiges wirkt er,
die Hochmütigen zerstreut er wie Sand.
Mächtige stürzt er vom Thron,
Niedrige richtet er auf.
Hungrige sättigt er reichlich,
Reiche treibt er mit leeren Händen davon.

Er nimmt sich seines Dieners Israel an
und gewährt ihm seine Barmherzigkeit.
Unseren Vätern hat er es zugesagt,
und in Ewigkeit gilt es Abrahams Volk,
dem Volk, das ihm dient.«
(Lukas 1,46–55)

Drei Monate, das ist wohl die Zeit, die eine Frau in solcher Lage braucht, um ein Ja zu ihrer Mutterschaft zu finden. Und Maria jubelt nicht nur für sich, sondern für alle, die in ähnlicher Lage sind und von Gott aufgerichtet werden. Als sie heimkehrt, ist sie verändert. Sie ist stark und klar und nicht mehr abhängig vom Gerede auf der Straße und am Brunnen.

Ich kann mir vorstellen, daß es ganz normal zuging. Ich wäre nicht böse, wenn die Sache mit der Jungfrauschaft der Maria ein Symbol wäre, mit dem man später zu deuten versuchte, wer Jesus sei und woher er komme. Warum sollte er, der Beauftragte Gottes, nicht einen irdischen Vater gehabt haben? Vielleicht brauchten die Menschen der damaligen Zeit die Geschichte von der unbefleckten Jungfrau, um auszudrücken, was sie meinten. Für uns, jedenfalls für mich, ist ein Mädchen, das ein Kind erwartet, keineswegs »befleckt«. Es kann an Herz und Seele sehr rein und schön und wie Maria bereit sein, sich zu seinem Kind dankbar zu bekennen. Vielleicht war Josef bei ihr, ehe sie verheiratet waren? Das wäre nach dem damaligen Recht durchaus kein Fehltritt, es wurde nur von ihm verlangt, daß er sie anschließend heiratete. Und das hat er getan.

Gut, dann lief also alles so ab wie bei Millionen Müttern. Vielleicht, daß Maria von einem Traum heimgesucht wurde, der ihr die Ahnung eingab, es werde mit diesem Kind etwas Besonderes, etwas Großes, in die Welt kommen? Vielleicht, daß Elisabeth diesen Traum glaubte und ihr die Gewißheit gab, daß sie Maria also mit ihrem eigenen Traum tröstete und aufrichtete?

Nur – warum wird uns dann die Geschichte mit dem Engel so erzählt, als habe sie sich zwischen den Wänden ihrer Lehmhütte abgespielt, so, als sei ein Bote zu ihr eingetreten? Warum erzählt uns das Evangelium so unwahrscheinliche Dinge?

Ich meine, gewisse Ereignisse zwischen der Seele eines Menschen und dem zu ihr sprechenden Gott sind nicht anders – oder nur sehr schwer anders – auszusagen als mit solchen Bildern und gewisse Gedanken, die sich betroffene Menschen danach machen, sind nicht anders – oder nur sehr schwer anders – in Worte zu fassen als so, daß etwas erzählt wird. Fast alles, was in jenen alten Zeiten von Gott erfahren wurde, fast alles, was zwischen Himmel und Erde geschah, zwischen dem Menschenleben auf dieser Erde und seinem geheimnisvollen Hintergrund, wurde in der Gestalt einer Geschichte erzählt. An den Nachtfeuern der Hirten oder an den Brunnen, an denen die Frauen sich trafen. Geschichten sind Hüllen für eine Wahrheit. Aus der Geschichte, die durch die Generationen hindurch erzählt wurde, haben die Menschen die Erkenntnis gewonnen, die Einsicht in die Zusammenhänge zwischen Gott und der Erde. Sie haben die Maßstäbe gefunden, nach denen sie leben wollten. Das Besondere, die Erfahrung der Gnade, die Erfahrung der Gegenwart Gottes in ihrem Leben, bedurfte der schildernden Erzählung.

Wenn das so war, was wollten sie dann in ihren Geschichten von Maria und Josef, von Elisabeth und Herodes und den Hirten, verbergen? Was sollten die Hörer dabei gewinnen?

Vielleicht liegt eine Deutung darin für den Ursprung, aus dem der Mensch kommt? Für den Hintergrund des Menschenlebens? Es hat ja seine Herkunft nicht nur von Mutter und Vater, es kommt von weiter her. Es kommt aus einem originalen Schöpfungsakt Gottes. Wie alles, was auf dieser Erde keimt und sprießt und wächst, kommt es aus dem schöpferischen Gottesgeist. Jedes Kind kommt aus dem Geist Gottes. So sagt der Engel zu Maria: Geist Gottes wird über dich kommen. Und so sagt die Geschichte, Jesus, der Christus, komme in besonderer Weise aus dem Geist Gottes, er bringe einen Auftrag von Gott mit, der uns angeht. In seinem besonderen Weg aber spiegle sich, was für alle Menschen gilt: daß sie aus dem Geist sind.

Und wenn von Maria, der Jungfrau, die Rede ist: Was ist denn eine »Jungfrau«? Ein körperlich unberührter Mensch? Ganz sicher nicht nur dies, oder nicht notwendig dies. Jungfräulichkeit – Frömmigkeit im besten Sinne – entscheidet sich im Herzen. Ein Mensch ist gemeint, der nicht alles auf einmal und nicht mehreres nebeneinander will, sondern eins allein, das Wichtige. Eindeutig sein, nur eine Liebe haben, der einen Liebe und dem Schicksal, das in ihr liegt, zugewandt

sein, aufgespart für das Große, nicht verbraucht und verschüttet an die kleinen Chancen, nicht jedem Willen gehorsam, auch nicht mehreren, sondern letztlich nur einem, das ist gemeint.
Es ist wohl ein Irrtum, zu meinen, die Frau habe dem Mann zu Willen zu sein – oder der Mann der Frau. Wenn sie wirklich Großes voneinander erwarten, bleibt das Geheimnis stehen, so daß sie zuletzt immer wieder einsam vor Gott verantwortlich sind für sich selbst und für den andern.
Jungfräulichkeit, das heißt, nicht bestimmt sein von herrschenden Ideologien, nicht geknechtet von den Sachzwängen. Jungfräulichkeit, das heißt, empfänglich sein für große Gedanken, große Hoffnungen, große Impulse, die rettend sein können. Jungfräulichkeit, das ist geistige Unabhängigkeit. Das ist Liebe zum Leben, das ist Phantasie, das ist der Glaube, der gegen allen Augenschein alles vom Geist Gottes erwartet, auch was die Zukunft für die Menschheit bringen mag. Gedanken aus dem Geist Gottes empfangen, aussagen und zur Welt bringen, das wäre Jungfrauengeburt. Und das lohnte wohl ein Menschenleben.

Maria war in der von Anfang an von Männern bestimmten und beherrschten Kirche so etwas wie die Repräsentantin der Frau. Heute entdecken gerade die Frauen, die bewußte Christinnen sein wollen, daß sie in der Kirche eigentlich einen ganz anderen Beitrag leisten müßten als es ihnen bislang zugemutet ist, nämlich nicht den Beitrag eines Anhängsels der Männer, sondern ihren eigenen, ihren Frauenbeitrag. Den Beitrag eigener Menschen mit ihrer eigenen weiblichen Frömmigkeit.
Die schönen Bilder von Maria, dem Mädchen, das den Besuch eines Engels erlebt, kennen wir alle. Und die wunderbaren Bilder von Maria, der Mutter, die ihr Kind im Arm hält, kennen wir auch. Die Maler und Bildschnitzer der christlichen Geschichte haben durch die Jahrhunderte hin immer wieder in diesen Bildern das Zarteste ausgedrückt, das sie zu gestalten vermochten. Kaum ein Thema der Kunst ist mit so viel überirdischer Schönheit ins Bild gefaßt worden wie dieses: das

Mädchen Maria und die Mutter Maria. Aber, was hat das für die Kirche bedeutet? War Maria nur eine Dekoration, die darüber hinwegtäuschen konnte, daß die Frauen im übrigen in der Kirche nichts zu sagen hatten? Dabei geschieht gerade in den Erzählungen um Maria eine wahre Revolution um die Rolle der Frau vor Gott und den Menschen.
Da sagt ein Engel zu Maria: Heiliger Geist wird über dich kommen. Dein Kind wird aus dem Heiligen Geist sein. Und von Elisabeth, ihrer Verwandten, sagt die Weihnachtsgeschichte: Sie wurde erfüllt mit Heiligem Geist.
Am Anfang des Evangeliums stehen die Gestalten zweier Frauen, von denen gesagt wird: ihnen war Geist aus Gott gegeben – längst ehe dies von Männern gesagt wird. Und das Bemerkenswerte ist doch, daß in der Kirche, die später entstand, fast immer behauptet wurde, die Frau finde ihre Verbindung mit Gott allein auf dem Umweg über einen männlichen Priester, der ihr den Geist Gottes vermittle, der ihr das Sakrament spende, oder über einen männlichen Pfarrer, der ihr die Vergebung der Sünden zuspreche.
Sahen sich aber Frauen unmittelbar zu Gott, nahmen sie den Geist Gottes frei für sich in Anspruch, dann endeten sie nicht selten auf dem Scheiterhaufen. Die männliche Zwangsvorstellung, die ganze Epochen der Geschichte bestimmt hat, lautete: Wenn eine Frau den Geist Gottes in Anspruch nimmt, dann ist bewiesen, daß sie von einem bösen Geist besetzt ist.
Wenn ich das Evangelium frage, dann ist der Geist Gottes nirgends an Ämter gebunden, nirgends an eine Hierarchie, nirgends an eine Organisation. Er weht, wo er will und wo Menschen sind, die ihn aufnehmen und sich von ihm bewegen lassen. Der Geist Gottes ist ausgegossen auf alle Menschen, sagt die Bibel: also auf Mann und Frau, auf Greis und Kind. Und was dort entsteht, wo man sich dem Geist Gottes überläßt, das ist das, was wir als die Gemeinschaft der Heiligen bezeichnen.
Zu Maria sagte der Engel: »Geh zu Elisabeth, sie hat eine Erfahrung gemacht ähnlich der deinen.« Wenn das Mädchen Maria unter dieser ungeheuren Begegnung ins Flattern gerät – und wie sollte sie das nicht! –, dann weiß sie: Da ist eine Frau, die mir beisteht.

Und so halten die beiden Frauen sich aneinander fest. Mit ihrer ganzen Liebe empfängt Elisabeth die in ihre Einsamkeit eingesponnene junge Verwandte und sagt ihr: »Das hat dir doch schon der Engel gesagt! Du bist nicht allein. Ich stehe zu dir. Ich weiß, daß unser beider Geschick von Gott ist.«
»Es ist gut, daß du dem Engel geglaubt hast«, sagt Elisabeth. Und so ist die Gabe des Geistes, die ihr verliehen ist, nicht nur die Hellsichtigkeit, in der sie das Kommende erkennt, sondern auch die Kraft, zu trösten und beizustehen: »Gib nicht auf. Nimm das Wort wahr. Übernimm dein Schicksal.« Unter dem guten, klaren Wort der älteren Frau beginnt die junge zu wissen, wer sie ist. Die Männer helfen ihnen nicht. Zacharias, der Mann der Elisabeth, ist stumm, vorübergehend. Ihm hat es die Sprache verschlagen. Josef hat mit seinem eigenen Zweifel zu tun. Die beiden Frauen aber sind immerhin durch ähnliche Erfahrungen verbunden. So wird Elisabeth zur Trägerin des Heiligen Geistes, ohne Vermittlung ihres Mannes, der doch ein renommierter Priester war.
In diesen beiden Frauen steht zum ersten Mal das Bild jenes Menschen vor uns, der sich und sein Schicksal unmittelbar von Gott empfängt, ohne den Umweg über irgendwelche Autoritäten. Und es steht in ihnen zugleich zum ersten Mal jene Kirche vor uns, jene Gemeinschaft der Heiligen, die keiner Organisation bedarf, weil sie unmittelbar ausdrückt, wie da Menschen von Gottes Geist zueinander geführt werden. Sie sind zugleich die ersten Menschen, die von jeder Art menschlicher Herrschaft frei sind dadurch, daß ihnen der Geist Gottes verliehen ist.

Wir leben in einer Zeit, in der ein großes Aufwachen durch die Frauen geht, nicht nur in der Kirche, sondern auf allen Lebensgebieten. Die Befreiung der Frau heute ist wohl die umfassendste Kulturveränderung, die wir aus der jüngeren Geschichte kennen.
Eine solche Befreiung geht den betroffenen Frauen ebenso wie den betroffenen Männern an die Wurzel, und sie geht nicht ab ohne Leid, Ratlosigkeit und Verlassenheitsangst. Sie ist nicht durchzuhalten ohne Mut, Stehvermögen und unbegrenzte Phantasie. Für uns Christen

liegt darin zugleich ein neuer Anfang dort, wo überhaupt die Anfänge unseres Glaubens liegen: in der Geschichte von der Menschwerdung Gottes in Jesus Christus.
Im Grunde kann man nicht Weihnachten feiern und zugleich der Frau die Unmittelbarkeit zu Gott absprechen und etwa die Herrschaft der Männer begründen auf dem Gehorsam der Frau.
Ich mag diese Frauen, die sich heute aufrichten und von uns Männern in der Kirche verlangen, daß sie ihnen endlich das volle geistliche Recht zurückgeben. Ich möchte ihnen Mut machen, ihrer eigenen Berufung zu vertrauen, und uns Männern wünschen, daß wir endlich die Angst verlieren vor der geisterfüllten Frau. Es könnte das Weihnachten werden, das heute gefeiert werden muß.
Miteinander könnten wir die Aufgabe anfassen, die heute wie eh und je vor uns liegt: das Amt zu übernehmen, das Christus beschrieben hat. »Einen Auftrag«, so sagt er, »hat euch Gott gegeben: Freude für die Ärmsten. Er hat euch gesandt, wunde Herzen zu verbinden, Gefangenen die Freiheit zu geben, den Gefesselten die Befreiung. Die Trauernden sollt ihr trösten, die in Trauerkleidern gehen, in Festgewänder hüllen, den Schwermütigen, die stumm sind von ihrem Leid, ein Lied singen: Lobgesang und Dank.«

# IV Herbergsuche

Es wurde Zeit für Maria. Aber statt sich in Nazareth auf die Geburt ihres Kindes vorbereiten zu können, wurde sie aufgescheucht. Das Gesetz verlangte, daß jeder dorthin ging, wo der Besitz seiner Familie war, und dort sein Eigentum angab. Die Familie des Josef führte sich auf David zurück. So mußte er den Esel satteln und sich mit seiner Frau auf die Reise machen nach Bethlehem. Dort aber fanden sie keine Unterkunft. Die Herberge hatte keinen Raum für sie. Und während draußen vor Bethlehem Hirten mit ihren Herden lagen, machten sie Quartier in einem Stall.

In den Weihnachtsspielen, die Kinder auf das Christfest einüben, spielt der Herbergswirt eine dramatische Rolle. Breitbeinig steht er auf der Bühne vor seinem Haus und fährt das landfremde Gesindel an:

> »Geht! Packt euch fort von meiner Tür! Macht weiter mir kein Unruh hier!«

Das Musterbild des stämmigen, charakterfesten Bürgers, der sich gegen Leute, von denen man nicht weiß, ob sie nicht silberne Löffel stehlen, wohl zu verwahren weiß: der Herbergswirt in den Spielen um die Christgeburt, vorgeführt von Spielgruppen und Schulklassen, selbstbewußt gespielt mit ausgestopftem Bubenbauch.

Maria und Josef kommen nach Bethlehem, suchen eine Unterkunft und stellen fest: Es ist kein Raum in den Häusern. Endlich finden sie einen Stall, vermutlich eine der Höhlen, in denen man das Vieh zusammentrieb, und Maria bringt ihr Kind dort zur Welt. Wir Bürger eines christlichen Landes – das ist jedem Weihnachtsspiel selbstverständlich – würden sie natürlich mit offenen Armen empfangen. Wir fühlen uns ganz und gar mitvertreten, wenn dann einer der spielenden Buben als

Hirte an der Krippe kniet und aus vollem Herzen singt:

»Da bring ich dir ein wenig Woll,
daß dich deine Mutter fein dreinlegen soll.«

Wenn die heilige Familie bei uns anfragte: bei uns wären die Türen und die Herzen weit offen.

Kulissenwechsel: Sie kommen aus Spanien. Mann und Frau. Ein paar Kinder. Finden eine Wohnung im Untergeschoß zum Hinterhof. Kein Bad. Waschgelegenheit auf dem Flur. Feuchte Wände, an denen die Kleider schimmeln. Mietpreis vierhundert Mark.
Er kommt aus Anatolien. Steht verängstigt auf dem Hauptbahnhof. Vier junge Männer umstellen ihn, fassen ihn am Mantel: Schieb ab! Kanake! In das Dreckloch, aus dem du kommst!
Er steht an der Theke einer Ausländerbehörde. Man schiebt ihn ab: Er wird in seiner Heimat schon nicht gefoltert werden.
Als in früheren Jahrhunderten die Hugenotten oder die Salzburger in unseren Ländern um Asyl nachfragten, fanden sie eine neue Heimat und wurden in eine fremde Kultur ohne Identitätsverlust harmonisch integriert.
Aber wir haben kein Geld. Wir sind kein Einwanderungsland. Wir haben keine Wohnungen. Wir können uns nicht kümmern. Wir sind nicht interessiert. Natürlich nicht.
Als Jesus auf die Welt kam, hatte er weder Haus noch Bett. Kurze Zeit später, als kleines Kind, war er auf der Flucht nach Ägypten und zurück. Als er erwachsen war, war »sein Haus« das Haus von Freunden. »Die Füchse haben Gruben. Die Vögel Nester. Ich selbst habe keinen Platz, um mich niederzulegen.« Wenn er ein Boot brauchte, mußte er es sich borgen; wenn er Menschen satt machen wollte, mußte er sich das Brot reichen lassen; als er die Eucharistie stiftete, tat er es in einem fremden Saal, und noch im Tod hatte er kein eigenes Grab. Immer war er darauf angewiesen, daß einer ihm Haus und Dach bot, Tisch und

Bank, das Brot und den Wein, das Wasser für die Füße und das Lager für die Nacht.
Er spricht davon, in den Unbehausten sei er gegenwärtig. »Ich bin«, sagt er zu den Leuten, die wissen wollen, worauf es ihm denn ankomme, »ein Fremdling, und ihr beherbergt mich – oder ihr sperrt mich aus.« Daran entscheidet sich euer Verhältnis zu mir. Wo euch ein Fremder begegnet, begegne ich euch, und was ihr tut, entscheidet über euer Verhältnis zu Gott.
Gott ist euch in dieser Welt so nahe wie der nächste Asylant oder Gastarbeiter. Da erscheinen keine Engel. Da ist kein Goldglanz nötig und kein Lametta. Da ergeht nur die schlichte, konkrete Frage an euch und an euren Staat, wieviel es euch bedeutet, daß ihr euch eine christliche Gesellschaft, eine christliche Kirche, eine christliche Partei, eine christliche Familie oder was immer nennt.

Friedrich Schiller hatte wohl brave deutsche und andere Bürger im Auge, als er seinen Wallenstein sagen ließ:
»Sei im Besitze – und du wohnst im Recht.
Und heilig wird's die Menge dir bewahren.«
Er meint: Wer ein Haus besitzt, hat damit ein Recht, das allein durch die Tatsache des Besitzens entsteht. Der Herbergswirt wohnt im Recht, wenn er die Fremden von der Tür weist. Denn das Recht des Besitzenden ist ein aussperrendes, ein ausgrenzendes Recht.

Man hat unser Jahrhundert das Jahrhundert des Flüchtlings genannt. Kaum etwas ist für unsere Zeit, die doch auf die Menschenrechte aufmerksamer achtet als frühere Jahrhunderte, so charakteristisch wie dies, daß es ein Menschenrecht auf Heimat oder ein Menschenrecht auf Wohnen und Bleiben nicht gibt.
Man nennt das Jahrhundert des Flüchtlings auch das Jahrhundert des Kindes, als verstände man heute das Schützen und Bewahren und Beheimaten von Kindern besser als in früheren Zeiten. Aber die Kinder leiden in den Flüchtlingstrecks ebenso mit wie in den Gastarbeiterun-

terkünften, und immer ist es das Kind, das uns, die Seßhaften, am härtesten anklagt. Es hat etwas Beklemmendes an sich, daß unsere seßhafte Gesellschaft ihr wichtigstes Fest im Bild eines heimatlosen Kindes im Rahmen einer Notunterkunft feiert und nichts dabei findet. Aber das Problem spiegelt sich ja in uns selbst. Für ganze Völker und Kulturen, auch christliche, gilt heute, daß die Menschen in den alten, bodenständigen Traditionen und in den Bildern ihres Glaubens, aus denen sie einmal gelebt haben, nicht mehr zu Hause sind, und dementsprechend das Bild einer heiligen Familie auf der Flucht zwar auf bunten Postkarten massenhaft hin- und hergesandt wird, aber das Verstehen nicht fördert.
Es spiegelt sich dann eins im anderen: die Angst der Besitzenden ist es, die den Landsuchenden in die Angst hinaustreibt. Die Ungeborgenheit derer, die in den sicheren Häusern wohnen, ist es, die den Ungeborgenen hindert, Geborgenheit zu finden.

Eine Erzählung aus der Frühzeit der Menschheit führt uns auf die Spur des Problems:
Als Adam und Eva, so erzählt die Urgeschichte der Bibel, aus dem Paradies vertrieben, begonnen hatten, den Acker zu bebauen, da bekamen sie zwei Söhne: Kain und Abel. »Abel war ein Hirte, Kain ein Ackerbauer. Eines Tages brachte Kain Gott ein Opfer dar von den Früchten des Feldes. Auch Abel opferte, und zwar von den Lämmern seiner Herde. Und Gott sah freundlich auf Abel und seine Gabe, an Kain und seinem Opfer aber sah er vorbei. Da wurde Kain zornig und senkte finster seinen Blick. Und Kain sprach zu seinem Bruder Abel: Laß uns aufs Feld gehen! Und als sie miteinander auf dem Felde waren, griff Kain seinen Bruder Abel an und schlug ihn tot.« (Aus Genesis 4)
Jahrtausende hindurch zogen die Völker des südwestlichen Asiens in unendlichen Wellen von Land zu Land, von Weideplatz zu Weideplatz. Sie zähmten ihre Weidetiere, sie erfanden ihre Werkzeuge, sie bauten die ersten Siedlungen, säten das erste Getreide, gruben Kanäle in die trockene Erde der großen Flußtäler des Euphrat oder des Nil, gründeten

die ersten Städte, errichteten ihre Heiligtümer auf Terrassen oder Stufentürmen, bildeten ihre ersten Erfahrungen mit Gott in den Gestalten ihrer Götter und Göttinnen ab, überlieferten die Geschichte ihrer Helden und ihrer Ahnfrauen an ihre Kinder und gewannen die Höhe erster großer Kulturen.

Der entscheidende Einschnitt im Hin und Her der wandernden Völker war der Augenblick, in dem sie begannen, Getreide anzusäen und zu ernten. Sie nahmen Boden in Besitz und sperrten ihn ab gegen andere Sippen. Sie bauten Dörfer, schließlich Städte, gründeten Staaten, stellten stehende Heere auf. Es entstand die Lebensform des Bauern neben der Lebensform des Nomaden, der mit seinen Tieren von Land zu Land zog. Und es entstand der große Gegensatz, der darin lag. Was den wandernden Hirten unvorstellbar war: Der fruchtbare Boden war plötzlich nicht mehr frei zugänglich. Er war gesperrt. Dort saßen Leute, die den Weidesuchenden zurückwiesen, wenn er aus der Wüste kam. Kain, der Ackerbauer, und Abel, der schafzüchtende Nomade, traten einander gegenüber. Nicht der Böse und der Gute, sondern der seßhafte und der wandernde Mensch. Und Kain schlug seinen Bruder Abel tot.

Im Laufe der Jahrtausende lernten die beiden miteinander zu leben. Bis zum heutigen Tag gilt das uralte Gesetz des Weidewechsels. Im Herbst, wenn die Regenzeit kommt und die Randgebiete der Wüste blühen, pendeln die Hirten in die Wüste, und die Bauern säen ihr Getreide. Im Frühjahr, wenn die Hitze und die Trockenheit kommen, ernten die Bauern ihre Felder ab, und die Hirten pendeln ins Ackerland, weiden die abgeernteten Felder vollends ab, und die Herden düngen die Felder. Das System galt schon Jahrtausende vor Abraham, und es hat sich bis heute bewährt. Denn es verhindert den Mord des Kain an Abel.

Kain wird Abel gegenüber immer der Stärkere sein. Die Bauern leben in Dörfern oder Städten zu Tausenden. Die Nomadenfamilien bestehen in der Regel aus wenigen Dutzend Leuten, denn die Wüste gibt immer nur Wenigen Gras und Wasser. Wenn also Abel hereinpendelt ins Kulturland, hat er keine Chance, sich gegen Kain, den Bauern, zu behaupten. Und wenn es dann geschieht, wie unsere Geschichte sagt, daß sie miteinander auf dem Felde sind, dann erhebt sich Kain gegen seinen Bruder

Abel und schlägt ihn tot, und das ist gewiß unendlich oft geschehen. Die Geschichte hat ihre Bedeutung durch die Jahrtausende behalten. Es gehört zu den Grundlagen der biblischen Gottesvorstellung, daß Gott nicht auf der Seite der Mächtigen sei, sondern der Wehrlosen. Nicht auf Seiten der Seßhaften, sondern derer, die unterwegs sind. Die Urfigur unter den Vorfahren Israels war der wandernde Abraham, das Grundsymbol für das ganze Volk war die vierzigjährige Wanderung durch die Wüste. Die Propheten wiesen das seßhafte Volk immer und immer wieder auf seine nomadische Zeit hin, die eigentliche Zeit seines Glaubens.

Bethlehem ist ein Ort auf der Grenze zwischen der judäischen Wüste und dem Ackerland. In Bethlehem wohnten die Bauern, die Fellachen. Draußen in der Wüste zogen die Hirten, die nomadischen Familien. Waren also zur Zeit der Geburt Jesu Hirten auf den Feldern um Bethlehem, dann fand die Geburt Jesu zwischen Mai und September statt. Das nebenbei.

In dem Kind von Bethlehem und in dem erwachsenen Christus wiederholt sich die Urfigur des »Menschen im Unterwegs«. Jesus nennt sich nicht einen Bauern, sondern einen Hirten. Und die Offenbarung Gottes geschah nicht dort, wo tausend Jahre lang ein seßhaftes Volk und eine seßhafte Priesterschaft ihre Gottesdienste gefeiert hatten: am Tempel in Jerusalem, sondern in der einfachen Gestalt eines wandernden Menschen. Und wieder erging der Ruf an ein seßhaftes Volk: Erinnert euch an die Zeit eurer Väter. Verlaßt eure Häuser und Höfe und Familien und folgt mir nach auf den Wegen meiner Wanderung! Wieder erschien das wahre Israel in der Gestalt einer Gruppe von Menschen, die Gott suchten, indem sie wanderten. Die so heimatlos waren wie der, in dessen Gestalt und Wort ihnen Gott begegnete.

Dieser Jesus erscheint auch im Hebräerbrief als die neue Gestalt des Abel, getötet von Kain, der seßhaften Priesterschaft am Tempel in Jerusalem. (Hebr 11) Und wieder wird die junge Kirche zu einer Gemeinschaft im Unterwegs. Sie versteht sich, wenn sie sich richtig versteht, als das wandernde Gottesvolk des Neuen Bundes.

Es braucht nicht viel Phantasie, Abel gleichzusetzen. Abel – das sind alle die Menschen, die zugrundegehen, wenn Kain ihnen nicht brüderlich oder mindestens fair begegnet. Und da wird es notwendig politisch. Das läßt sich gar nicht umgehen.
Da kommen sie aus irgendwelchen Ländern zu uns und suchen Asyl. Politische Flüchtlinge, Wirtschaftsflüchtlinge, die sozusagen auf unseren Äckern das Brot suchen, von dem sie leben können. Abel, als er auf den Acker des Kain kam, war ein Wirtschaftsflüchtling, der hinter sich die Wüste und vor sich das Fruchtland sah. Und Kain schrieb an die Wände: Ausländer raus !
Da kommen sie aus den Ländern des Mittelmeers, suchen Arbeit und sind glücklich, wenn sie bei der Müllabfuhr ihr Brot verdienen können. Sie nehmen uns die Wohnungen weg, heißt es. Die Losung Kains.
Da kommen sie aus Rumänien und Rußland und Polen. Deutsche und Halbdeutsche, und man hört: Die nehmen uns die Arbeitsplätze.
Merkwürdig, es fehlt Kain, dem Herbergswirt, nie an einer Begründung. Wir können nicht alle aufnehmen. Wir können nicht alle ernähren. Unser Land ist ohnedies überfüllt. Wir können nicht so viele Häuser bauen, also zurück mit ihnen dorthin, woher sie kommen. Kain hat die Macht, und er hat das Recht auf seiner Seite. Er hat die Logik auf seiner Seite. Die Folge ist, daß das Blut seines Bruders von der Erde zu Gott schreit und Gott fragt: Wo ist dein Bruder Abel?
Aber es ist ja nicht so, daß wir nur die Gebenden wären. Es kann viel Geist und Kraft mit diesem Menschen zu uns kommen. Immerhin beruht das System des Weidewechsels zwischen Kain und Abel darin, daß die Schafe Abels zwar die Stoppeln abfressen, die ihnen Kain gelassen hat, aber daß sie die Felder düngen, auf denen das gemeinsame Brot wachsen soll.
Wir dürfen nicht verkennen, daß die Entwicklung des mesopotamischen Raums zur ersten Hochkultur des Vorderen Orients den immer und immer wieder durchziehenden Wandervölkern zu verdanken ist, die ihre größere Kenntnis fremder Länder und damit ihre verändernde Kraft mitbrachten. Wo die Bauern gelassen auf ihrer Scholle unter drei oder vier Palmen saßen, hätte sich in Jahrtausenden nichts verändert, und bis heute sind die Nomaden das bewegende Element.

Der Ackerbau war schon immer die konservative Kraft. In seinem Umkreis herrschte die Zeitlosigkeit – wie etwa in der ägyptischen Kultur. Den Ackerbau bestimmen Saat und Ernte, Geburt und Tod und der ewig gleiche Kreislauf des Jahres und des Menschenlebens. Das Element Ewigkeit sozusagen in der Zeit. Bewegung kam in das Land an Euphrat und Tigris aber immer wieder durch den Einbruch neuer Wandervölker, den Durchzug fremder Sippen und durch den Austausch mit ihnen. Die Nomaden waren die Pendler zwischen Staaten und Kulturen, die Schmuggler und Spione, die Ideenträger und die Berichterstatter. Sie übertrugen Erfindungen und neue Lebensweisen von Land zu Land. Das Selbstbewußtsein des Nomaden, der von den Bauern verächtlich als von den Lehmbraunen spricht, steht durchaus auch hinter dem religiösen Selbstbewußtsein Israels, das sich mit Abel gleichsetzte, dessen Opfer Gott gnädig ansah.

Die Geschichte von Kain und Abel führte, tausend Jahre vor Christus, zu einem erstaunlichen Gesetz: »Wenn ein Fremder zu dir kommt und bei dir wohnen will, dann soll es für dich, den Juden, und ihn, den Fremden, nur ein und dasselbe Gesetz geben. Er soll dieselben Rechte genießen wie du.« Da wäre viel zu lernen von jenen scheinbar primitiven Menschen vor dreitausend Jahren.
Wenn Abel für uns ein anderer Name ist für den wandernden Christus, dann ist Nachfolge Christi immer an irgendeinem Stück Verzicht auf Seßhaftigkeit und Besitzrecht. Wir besitzen unseren Glauben nicht. Wir besitzen die Jahre nicht, die wir auf dieser Erde leben. Wir kommen aus Gottes Hand, wandern ein paar Jahre über diese Erde und gehen zurück in die Hand Gottes. Und in der Zwischenzeit ist alles Besitzen ein Irrtum. Es ist alles geliehen, was wir haben, was wir sind, was uns Sicherheit gibt. Diese Erde ist nicht unsere Heimat. Wir kommen anderswo her, und wir gehen anderswo hin. Sie ist eine Herberge auf Zeit. Wie der Stall von Bethlehem für die Familie aus Nazareth. Auch während unserer Zeit auf dieser Erde ist es unser Geschick, immer nur auf Zeit eine Herberge zu finden. Als Kind in den Armen einer Mutter, später in einem Kreis von

Freunden, in einer Mietwohnung, in einem Beruf, in einer Aufgabe, in einer Familie, im Kreis altwerdender Bewohner eines Heims. Immer verbindet sich mit der kurzen Zeit, in der wir eine Herberge haben, die Chance, daß da etwas durch uns in die Welt kommt. Nicht gerade das Kind von Bethlehem, wohl aber eine Gestalt des christusförmigen Menschen: eine Güte, eine Hilfe, eine Hingabe, eine Einsicht, ein Opfer vielleicht, ein Glaube, ein Vertrauen, mit dem wir anderen begegnen.
In der kurzen Zeit, in der wir gemeinsam leben, soll etwas zur Welt kommen, etwas, das zart und verletzlich ist wie ein Kind: ein wenig von der Liebe Gottes zu uns Menschen; etwas vom Licht des Christus; etwas von unserem eigenen inneren Menschen, der auf dieser Erde in uns wachsen soll.
Eines Tages wird diese Erde ihr Ende finden. Langsam im Laufe von Jahrmillionen. Oder plötzlich durch die Torheit der Menschen. Oder über Nacht, weil Gott es so will. Sie wird auch für alles, was uns kostbar ist, eine Herberge gewesen sein. Aber das eine soll wohl auf dieser Erde inzwischen geschehen, was immer vorher und nachher geschehen mag: daß Gott in den kleinen Herbergen dieser Erde ein Mensch wird. Nicht nur in dem Kind von Bethlehem, sondern in uns allen, mitten unter den vielen Heimatlosen dieser Welt. Daß wir also, wie Luther es ausdrückt, jeder dem anderen ein Christus sind: ein Unbehauster, der selbst doch ein Haus ist für irgendeinen Menschen. Und in dem anderen, dem wir eine Herberge sind, soll dann das Eigentliche, das Kind Gottes, anfangen zu leben.
Was wird denn sein, wenn wir die Herberge verlassen haben, die wir auf dieser Erde bewohnen? Die Herberge auf dem Planeten Erde, die Herberge in unseren Familien und Freundschaften, die Herberge auch in unserem eigenen Körper? Denn all das sind ja Unterkünfte auf Zeit.
Dann wird, was in uns gewachsen und geworden ist – das Kind, oder anders gesagt, der Christus, der Mensch aus Gott –, weitergehen. In neue Räume, auf neue Wege, zu neuen Begegnungen. Vor allem zur Begegnung mit dem Mann, der in Bethlehem geboren wurde. Er wird uns neue Wege zeigen, er wird neue Aufträge für uns haben. Nicht, daß Christus in Bethlehem geboren ist, ist die eigentlich erlösende Tatsa-

che, sondern daß er in uns Raum gewinnen und durch uns Menschen aufnehmen und beherbergen will.

Die jüdische Überlieferung spricht sehr tiefsinnig von Gott als der »wandernden Schechinä«, der wandernden Anwesenheit Gottes, der immer wieder anderswo zu Gast ist, der immer wieder die Häuser verläßt, um unterwegs zu sein durch die Welt der Menschen. Das Bild von dem Kind, in dem Gott ist, das im Arm seiner Mutter auf der Flucht ist, ist dieser Vorstellung sehr ähnlich. Es ist nicht nur Bild des vorübergehenden, nirgends endgültig faßbaren Gottes, sondern auch dessen, der unerkannt in einer fremden Gestalt gegenwärtig ist.
Der Kosmos, der so leer zu sein scheint von Gott, ist in Wahrheit von der Gegenwart des wandernden Gottes erfüllt. Der Mensch braucht auf der Suche nach Gott die Welt nicht zu verlassen. Er braucht nicht an besonders heiligen Orten nach ihm zu suchen. Der Staub der Straße und der Wind über einem fremden Land sind sein Ort.
Darin liegt ein doppelter Trost. Einmal der, daß wir in der Heiligen Nacht weiter werden, daß wir Raum gewinnen um eben den Raum, den Christus in uns einnimmt, so daß wir heimatlosen, in Angst verschlossenen Menschen eine Herberge werden für die, die bei uns Raum suchen. Zum anderen liegt eine Hoffnung darin. Zu den Freunden, die er in die Heimatlosigkeit entläßt, sagt Jesus:
»Euer Herz erschrecke nicht. In meines Vaters Hause sind viele Wohnungen. Wenn es nicht so wäre, ginge ich hin, euch eine Wohnung zu bereiten. Und wenn ich nun hingehe, euch eine Heimat zu geben, dann werde ich wiederkommen und euch holen, damit ihr seid, wo ich bin.« (Johannes 14,1–3)
Dag Hammarskjöld, vor Jahren Generalsekretär der Vereinten Nationen, einer der großen Mystiker dieses Jahrhunderts, fügt dem an: »Was bedeutet alles irdische Glück gegen die Verheißung: Wo ich bin, werdet ihr auch sein?«
In dieser Verheißung geschieht die Befreiung von der Angst, die hinter der verschlossenen Tür wohnt. Wir können sie öffnen, nicht weil wir so moralisch wären, sondern weil wir wissen, wo wir zu Hause sind.

# V Die Nacht der Geburt

»Und sie gebar ihren ersten Sohn, wickelte ihn in Windeln und legte ihn in eine Krippe, denn sie hatten sonst keinen Raum in der Herberge.« (LUKAS 2, 7)

Ich denke, wenn ich das lese, an die vitalen Bilder, die Rembrandt und andere niederländische Meister gemalt haben, mit einer jungen holländischen oder flandrischen Mutter und einem robusten, gesunden, runden Jesuskind, die so wenig gemeinsam haben mit den ätherisch zarten Madonnen, die die Gotiker vor goldenem Hintergrund thronend dargestellt haben. Bei den Holländern lebt und atmet eine ganz irdische Frau in der fröhlichen Kraft, die eine Mutter und ihr Kind verbindet und zusammenhält. Sie hält es an ihrer Brust, am richtigsten und wichtigsten Platz, den es für ein Kind in dieser Welt geben kann. Und sie ist glücklich, nicht in der himmlischen Entrücktheit der Heiligen, sondern leibhaft und irdisch, wie Mütter aller Zeiten und Länder glücklich sind über den Füßchen und Händchen, dem schlafenden Gesicht und dem atmenden Körperchen eines gedeihenden Kindes. Oft beugt sich auch ein glücklicher Josef über das liebenswerteste Bild, das es für Väter zu sehen gibt.
Ich höre ein Wiegenlied der Kobo an der Goldküste:

»Gott hat es mir geschenkt,
daß ich mit ihm spiele.
Gott hat es mir geschenkt,
daß ich es am Rücken trage.
Gott hat es mir geschenkt,
daß ich mit ihm spiele.

Trüg ich Gold auf meinem Rücken,
wahrhaftig, ich trüge nichts!
Kleidete ich mich auch mit Dumasi-Stoffen,
wahrhaftig, mein Gewand wäre nichtig!
Schmückte ich mich mit Tsutswahu-Perlen,
wahrhaftig mein Schmuck wäre fahl!

Gott hat es mir geschenkt,
daß ich mit ihm spiele.

Meine große Tasche nehme ich mit mir
und das Kind auf meinen Rücken.
So schreite ich nach Agogo zum Markte.
Das, ja das
ist meine Herrlichkeit!

Gott hat es mir geschenkt,
daß ich mit ihm spiele. «

Eigentlich müßte es möglich sein, die verängstigten und gemütskalten Menschen unserer Tage zu heilen, indem man ihnen gibt, was man einem Säugling gibt. Man müßte sie stillen an einer warmen Brust, man müßte sie im Arm halten und zärtlich streicheln und man müßte ihnen all das nachreichen, was an ihnen versäumt worden ist durch eine spröde Pädagogik, alle die Liebkosungen, alle die Küsse, die ihnen nicht gewährt worden sind, all das freundliche Anschauen, das Liebesspiel und die Worte der Zärtlichkeit. Es ist gut, daß dies heute besser verstanden wird als zu der Zeit, als die Kinder waren, die heute erwachsen sind.
Denn Gottes Geist wird leiblich durch die Liebe, und der Leib des Menschen wird durch die Liebe geistig. Der Leib des Menschen erwacht aus seiner Stummheit, wo ihm Liebe begegnet, er fängt an, zu antworten, zu reden. Er wird seinerseits fähig, einen andern Menschen zu berühren, zu lieben, ihm zu zeigen, wie nah er ihm sei. In der Liebe wird Gottes Geist Leib.

An einem Geburtstag – und Weihnachten ist ja nichts weiter als dies – erinnern wir uns an unseren eigenen Anfang. Wir versuchen, ihn besser und deutlicher zu sehen. Vielleicht verstehen wir dabei unseren seitherigen Weg besser, vielleicht auch kommen wir dabei einigen Irrtümern unseres Lebens auf die Spur. Und wenn uns ein Glück widerfährt, dann finden wir den Mut, in unseren späteren Jahren einen neuen Anfang zu riskieren.
Wer sich etwas Gutes tun möchte, der hilft dem Kind in ihm selbst, daß es leben und träumen darf. Er wird mit ihm zusammen träumen und spielen und darüber zu Zeiten die ganze Welt vergessen. Er wird danach dieser Welt besser gewachsen sein.
Ein Kind ist uns geboren, erzählt die Weihnachtsgeschichte. Ein Kind, das in unserem Leben erwachsen werden will, damit wir glücklicher seien und unser Leben sinnvoller finden könnten. Je älter wir werden, desto wichtiger wird das Kind in uns. Es soll in uns leben, damit wir unser Leben nicht in der Hölle führen. Wir haben ja alle den holden Anfänger, der wir einmal waren, noch in uns, verängstigt vielleicht, stumm geworden. Den sollten wir im Arm halten, dem sollten wir in die Augen schauen, und sein Schlaf, sein Lächeln und seine Tränen sollten uns wichtig sein.

Zu der Zeit, als der erwachsene Jesus in Galiläa lehrte und davon sprach, was in den Menschen geschehen muß, damit das Reich Gottes kommt, da rief einmal eine Frau aus der Menge dazwischen: »Selig der Leib, der dich getragen, und die Brust, von der du getrunken hast!« Jesus nahm das Wort auf, hielt das Bild vom Leib der Mutter und dem darin entstehenden Kind fest und antwortete: »Ja! Selig sind, die Gottes Wort hören und bewahren!« (Lukas 11)
Eine Frau begeistert sich wie in einem Rausch an dem Gedanken, wie es wäre, hätte sie ein Kind nach der Art dieses Jesus. Und Jesus antwortet: Ja, das ist es. Das kann in dir geschehen. Wenn mein Wort in dich fällt und du es bewahrst, so daß es in dir Raum findet und wächst, dann entsteht in dir ein Kind, ein neues Wesen. Ein neuer Mensch. Dieses

Kind aus Gott, das aus dem Wort hervorwächst, beginnt im hörenden Menschen zu leben. Es wächst heran und wird am Ende erwachsen, fügt später Paulus an, so erwachsen wie Christus selbst, und sein Leben reicht hinüber in das ewige Leben des neuen Menschen bei Gott. Auf nichts kommt es am Ende so sehr an als darauf, daß wir dieses Kind bewahren, schützen, mit ihm reden, uns von ihm führen lassen und den alten Menschen, der wir sind, immer wieder zurücktreten lassen, bis dieses Kind unser eigentliches Wesen geworden ist, die Tochter oder der Sohn Gottes, die jüngere Schwester des Christus oder sein jüngerer Bruder.

Im Lauf unseres Lebens begleitet uns immer deutlicher die Frage, was mit unserer Seele geschieht, wenn wir nicht mehr auf sie achten können. Was mit uns geschieht, wenn unser Geist und Wille ihre Kraft verloren haben, wenn der Rest Mensch, der wir sind, nicht mehr arbeiten, nicht mehr sprechen, nicht mehr glauben, sich nicht mehr erinnern kann. Wo wird am Ende die Würde des Menschen sein, der für sich selbst und für die anderen einmal etwas gewesen war? Sie wird nirgends mehr sein, wenn sie nicht in den Augen Gottes bewahrt ist.

»Wird Christus tausendmal
zu Bethlehem geboren
Und nicht in dir, du bleibst
doch ewiglich verloren.«
(Angelus Silesius)

Was geschieht an unserer äußersten Grenze? Nur das eine, daß Gott den Menschen in uns hütet, den er gerufen hat. Darum hängt so viel daran, daß wir einmal im Leben einen Ruf hören, der uns wirklich angeht, eine Stimme, die uns wirklich meint. Daß wir sie heraushören aus den vielen Stimmen und ihr nachgehen, wohin immer sie führt. Denn dieser Ruf, dieses leise »Folge mir nach«, dieses leise »Laß das und komm«, dieses irgendwann in uns fallende Wort, weckt in uns den neuen, den anderen Menschen, der bleibt, wenn der alte zerfällt.



Ich lebe, sagt Paulus, aber nun, seit jenem Tag vor Damaskus, nicht

mehr ich, sondern Christus lebt in mir. Und das ist nun der Sinn meines übrigen Lebens, daß Christus in mir Gestalt gewinnt.
Das Lied »Gelobet seist du, Jesu Christ« sagt es unüberbietbar einfach:

»Das ewig Licht geht da herein,
gibt der Welt ein' neuen Schein;
es leucht' wohl mitten in der Nacht
und uns des Lichtes Kinder macht.«

Ein anderes legt uns unsere Antwort in den Mund:

»Ach, mache du mich Armen
zu dieser heiligen Zeit
aus Güte und Erbarmen,
Herr Jesu, selbst bereit.
Zieh in mein Herz hinein
vom Stall und von der Krippen,
so werden Herz und Lippen
dir allzeit dankbar sein.«

Das wäre das eigentliche Weihnachtsereignis: nicht, was in Bethlehem geschehen ist, sondern daß durch den Mann, dessen Geburtstag wir feiern, in uns selbst ein Neuanfang geschieht, der dem Entstehen eines Kindes gleicht. So entsteht in uns der Mensch, der wirklich aus Gott ist. Der Mensch, den auch die Fehler und Versäumnisse eines ganzen Lebens nicht zerstören können. Der Mensch, der am Ende das arme und karge Erwachsenen-Ich ablöst und ersetzt. Am Ende sind wir wieder die Tochter oder der Sohn Gottes, als die wir gedacht sind.

»Wir feiern Weihnachten,
auf daß diese Geburt auch in uns geschieht.
Wenn sie nicht in mir geschieht,
was hilft sie mir dann?
Gerade, daß sie auch in mir geschieht,

darin liegt ja alles.«
(Meister Eckhardt)

Eine schöne Nebenwirkung dieses Gedankens ist dann, daß in uns die Gelassenheit wächst, von der der Psalm 131 spricht:

»Herr, mein Herz will nicht Geltung
und nicht Macht.
Meine Augen schauen nicht nach Ruhm
und nicht nach Reichtum aus.
Ich gehe nicht mit großen Plänen um
und nicht mit Träumen über Dinge,
die über mein Vermögen gehen.
Ich sinne nicht über Geheimnissen
und nicht über Rätseln,
die mir zu wunderbar sind.
Ich habe mein Herz still gemacht,
und Frieden ist in meiner Seele.
Wie ein gestilltes Kind,
das bei seiner Mutter schläft,
wie ein gesättigtes Kind,
so ist meine Seele still in mir. «

Es ist keine Romanze, was das Weihnachtsevangelium erzählt, sondern eine Episode aus der Geschichte einer brutalen Welt, in der Kinder geliebt und getötet, ernährt und verlassen, umhegt und verstoßen werden. Jesus, dessen Geburt wir begehen, wird als erwachsener Mann sagen: Im Kinde tritt den Erwachsenen Gott entgegen. In dem Maß, in dem der Erwachsene das Kind schützt, begreift er, wer er selbst ist. In dem Maß, in dem er die Machtlosigkeit des Kindes ehrt, findet er den Gott, der ohne Macht kommt.
In der Tat, die so oft gesprochene, gehörte, gespielte, gemalte und besungene Weihnachtsgeschichte hat unsere Welt noch kaum verändert.

# VI Die Nacht des offenen Himmels

Versetzen wir uns etwa ins Jahr 80 unserer Zeitrechnung. Gut fünfzig Jahre davor war Jesus gestorben. Und zehn Jahre davor, in den Jahren 70 und 71, war Jerusalem im blutigen römischen Krieg zerstört worden und mit ihm das ganze Land im Elend versunken.

In dieser Zeit hatte sich die Gemeinschaft der Christen über den ganzen Mittelmeerraum ausgebreitet. Hunderte von Gemeinden waren entstanden, und längst interessierte sich auch der römische Staat für diese neue, eigensinnige Religion.

Fast hundert Jahre waren vergangen seit jener glänzenden Epoche, in der Kaiser Augustus begonnen hatte, die ganze damals bekannte Welt unter der eisernen Herrschaft der römischen Militärmacht in Frieden zu halten und ihr Sicherheit und Wohlstand zu bringen. Aber um das Jahr 80 war das Bild vom römischen Frieden brüchig geworden, und das politische System begann zu bröckeln. Inzwischen tobten wieder unzählige Kriege, und die Juden wie die Christen hatten erlebt, wie die römischen Legionen ihre Stadt Jerusalem und ihr Land zertreten und zerstört hatten.

Die Christen waren vor dem Krieg in das Gebiet des heutigen Jordanien geflüchtet, auch die Gemeinde von Bethlehem. Als sie einige Jahre danach wieder in ihren Heimatort kamen, da lag er verbrannt, verwüstet und menschenleer. Es war die Stunde Null nach der großen Katastrophe.

In jenen Jahren machte sich der Arzt Lukas an die Arbeit, einen Bericht vom Leben und Sterben des Christus zu schreiben. Er suchte alles zusammen, was er an Aufzeichnungen aus dessen Lebenszeit und danach in die Hände bekam, und ordnete es. Dabei bekam er auch jenen kurzen Text in die Hand, die »Weihnachtsgeschichte« mit dem Engel und den Hirten und dem Kind in der Krippe und mit dem Wort vom »Frieden auf Erden«. Die muß wohl in der Familie Jesu in Nazareth entstanden und überliefert worden sein.

Das Wort vom »Frieden« war zur Zeit des Lukas noch aktueller als zu der Zeit der Geburt Jesu. Es war nicht eine stille Hoffnung, die sich darin ausdrückte, es war der Verzweiflungsschrei jener Epoche, in der Lukas sein Evangelium schrieb. Der Bericht erzählt, als habe es sich um eine Idylle gehandelt:
»Und es waren Hirten in derselben Gegend auf dem Felde bei den Hürden, die hüteten des nachts die Herde. Und der Engel des Herrn trat zu ihnen, und die Lichtfülle des Herrn umleuchtete sie; und sie fürchteten sich sehr. Und der Engel sprach zu ihnen: Fürchtet euch nicht! Siehe, ich verkündige euch große Freude, die allem Volk widerfahren wird; denn euch ist heute der Retter geboren, welcher ist Christus, der Herr, in der Stadt Davids. Und das habt zum Zeichen: Ihr werdet das Kind finden in Windeln gewickelt und in einer Krippe liegen. Und alsbald war um den Engel her die Menge der himmlischen Heerscharen, die rühmten Gott und sprachen:

Ehre sei Gott in der Höhe
und Friede auf Erden
bei den Menschen,
denen sein Wohlgefallen gilt.«
(LUKAS 2, 8–14)

»Friede auf Erden«, das war nicht der römische Friede, an den niemand mehr glaubte, sondern ein anderer. Der Engel sagte: Wir preisen Gott, der in der Höhe waltet. Wir treten auf euch Menschen zu mit dem Friedensgruß. Wir wollen, daß eure Erde Frieden findet. Einen Frieden, der nicht von den Waffen einer Großmacht, sondern von der Einsicht und dem wagenden Vertrauen der Menschen, die unter dem offenen Himmel stehen, geschaffen wird.
Die Hirten sind in dieser Nacht die »Menschen des Wohlgefallens«, die Erwählten, die Herausgehobenen. Ihnen wird ein Zeichen gegeben, durch das ihre Welt, die tausendmal die Welt des Teufels zu sein schien, sich als Gottes Welt offenbart. Als eine göttliche Welt, die nicht sich selbst und den Mächtigen überlassen ist, in der vielmehr ein Plan

ist, ein Sinn. Die ein Ziel hat. Aus der noch etwas werden kann: Welt Gottes.
Soweit die Erzählung, die Lukas in seinen Bericht aufnahm, lange nachdem Jesus Christus als erwachsener Mann aufgetreten war, seine Reden gehalten, seinen Kampf um das Gottesreich gekämpft hatte und dafür getötet worden war. Längst nachdem klar war, was Jesus wollte und was wir nach seinem Willen tun sollen. Die scheinbar kindliche Erzählung von den Hirten und den Engeln deutet, was es mit dem Frieden auf dieser Erde nach Jesus Christus auf sich habe, auch was wir Menschen nach seinem Willen dazu beizutragen hätten.

Wie stelle ich mir die Szene vor, die die Weihnachtsgeschichte berichtet? Eine oder mehrere Familien aus den Clans der Schaf- und Ziegennomaden, die zwischen dem judäischen Bergland mit seinen Äckern und den steilen Hängen am Toten Meer pendeln, haben ihr Weidegebiet in den Wüstentälern verlassen. Die Regenzeit ist vorbei, die Äcker sind abgeerntet. Nach dem uralten Gesetz des Weidewechsels ziehen die Hirten über die Stoppelfelder, auf denen die Tiere noch Reste von Stroh und Körnern finden. Es ist die Zeit zwischen Juni und September, die Zeit des klaren, wolkenlosen Himmels.
Nomaden waren immer gefährdet. Um Quellen mußte gegebenenfalls mit der Waffe gekämpft werden, darum ist jeder Nomade bis zum heutigen Tag bewaffnet. Auf den Äckern waren sie geduldete Gäste, geduldet, weil die Bauern auf den Schafmist angewiesen waren. Aber sie waren nicht nur Hirten, sondern von jeher auch Wegelagerer und Schmuggler, Nachrichtenträger und Spione. Sie nützten von Ort zu Ort und von Land zu Land ihre freie Beweglichkeit und waren den Bauern an Erfahrung und Kenntnis von Ländern und Kulturen stets überlegen. Aber sie blieben heimatlos, wenn man nicht sagen will, die Welt der Wüste sei ihre Heimat. Sie waren Beispiele des Menschen, der, wie es Rilke von den Tieren sagt, in seiner Welt »nicht verläßlich zu Haus« ist.
Die Nacht ist für einen Nomaden voller Leben. Sie ist voll von Lichtern und Schatten, von fremden Stimmen und Lauten, sie ist eine Welt von

Träumen und Visionen. Die Welt eines Beduinen ist so viel weiter und so viel lebendiger, wie auch der Sternhimmel über ihm mehr Sterne hat als der unsere. Er lebt immer wachsam.
Was Nomaden von Bauern ferner unterscheidet, ist, daß sie die sinnliche Wahrnehmung ungleich feiner entwickeln. Sie sehen, hören und riechen in einem Maß fein und differenziert, wie dies uns Mitteleuropäern mit unseren abgestumpften Sinnen kaum vorstellbar ist. Sie bilden ihr ganzes Wesen zu einem einzigen Sinnesorgan aus, und für dieses Sinnesorgan sind Natur und Übernatur eins. Sie gehen mühelos Spuren nach, die wir beim besten Willen nicht sehen können. Sie erkennen jedes Schaf und jede Ziege an seiner Stimme. Sie riechen jeden kleinen Rest Wasser einen halben Meter unter dem Sand.
So ist es sinnvoll, daß sie bei Lukas in der Rolle von Menschen erscheinen, die unter dem nächtlichen Himmel stehen, dort Worte hören und Erscheinungen wahrnehmen, die wir für Märchen halten müssen. Sie stehen da als Menschen, die sich einer Wirklichkeit öffnen, die für andere unerreichbar, verborgen bleibt.

Nomaden unterscheiden sich von Bauern auch darin, daß sie in den Nächten wach sind und mit den Gestirnen leben. Bauern jener Region schlafen nachts und arbeiten am frühen Morgen, ehe die Hitze kommt. Nomaden suchen darum ihren Gott im Himmel, Bauern in der Erde. Nomaden reden mit einem männlichen Gott, Bauern dienen einer Erdmutter. Im Lauf der Jahrtausende aber haben sich die Himmelsgötter durchgesetzt, weil die Nomaden die Entwicklung der Kulturen letztlich auch in den Ackerbauländern dadurch bestimmten, daß sie in sie eindrangen und sie schließlich beherrschten. So brachten etwa die Juden einen Himmelsgott aus der Wüste mit, als sie in das Land Kanaan einwanderten, und mit ihm einen geistigen Vorsprung vor den Göttern und Kulten des Ackerlandes. Noch die Verkündigung der alttestamentlichen Propheten hat etwas Nomadisches an sich. Sie fordern Israel ständig auf, sich von den Müttern der Bauernkulte freizuhalten und sich ihrer »Brautzeit« zu erinnern, der Zeit in der Wüste, als sie sich dem einen Gott des Himmels verpflichteten. Noch die Kirche, die sich das »wandernde Gottesvolk« nennt, nimmt diese nomadische Charakteristik ihres Glaubens aus der Frühzeit Israels auf. Und wenn die Kirche immer dann ihren Auftrag verfehlt, wenn sie sich zur Stütze von Staaten und seßhaften Gesellschaften hergibt, dann hängt dies mit dem nomadischen Erbe zusammen.

Wer je mit Nomaden im Sand unter freiem Himmel nächtigte, versteht, warum für sie der Himmel der Ort Gottes ist und nicht die Erde, warum für sie der kreisende Sternhimmel so viel maßgebender ist als die ruhende, schlafende Erde, warum ihre Aufmerksamkeit von jeher dem galt, was vom Himmel her geschieht, wenn er sich ihnen »öffnet«. Wenn uns heute vieles an Sitten und Gesetzen etwa des Islam fremd erscheint, dann müssen wir beachten, daß dies eine nomadische Religion ist von ihrem Ursprung her und bis heute. Wir seßhaften Abendländer, das hat der Golfkrieg bis zum Überdruß bewiesen, sind nicht in der Lage, einen Araber zu verstehen.

Wenn nun Lukas erzählt, was die Hirten in jener Nacht wahrnahmen, dann gebraucht er eines der ältesten Seelenbilder, die in den Menschen waren, lange bevor es nach ihren Vorstellungen Götter gab: nämlich den Engel.

»Und der Engel des Herrn trat zu ihnen, und die Lichtfülle des Herrn umleuchtete sie.« – Eines der Wesen, die »ein wenig höher geschaffen sind« als der Mensch, eines jener Wesen, die den schweigenden Kosmos mit Sprache füllen, mit dem schöpferischen Wort, aus dem die Welt geschaffen wurde, trat zu den Hirten. Ich kann nicht wissen, in welcher Gestalt Lukas sich diese Engel vorstellte oder was die Hirten sahen außer der »Lichtfülle Gottes«. Was soll man sich unter Engeln vorstellen? Ich bin überzeugt, daß der Mensch nicht die »Krone der Schöpfung« ist. Was besagt es, daß wir uns Wesen, die höherer Natur sind als wir, nicht vorstellen können? Ein Schmetterling oder ein Regenwurm können sich keine Menschen vorstellen, doch gibt es ohne Zweifel Menschen. Ich bin überzeugt, daß oberhalb des Menschen nicht eine Lücke in der Schöpfung folgt, daß es geistige Wesen gibt, geistige Kräfte mit ganz anderen Körpern vielleicht als wir uns Körper vorstellen, und daß es sie in ebenso vielen Abstufungen gibt, wie leibliche und seelische Wesen und Kräfte unterhalb des Menschen leben. Es schiene mir seltsam, ja höchst unwahrscheinlich, endete die Stufenfolge der Geschöpfe ausgerechnet beim Menschen, wie wir ihn kennen.

Die Hirten schauten und hörten also »den Engel des Herrn« und sein Licht. Ich brauche nicht auszumalen, wie er aussah. Gewiß nicht wie ein Mensch im weißen Gewand mit Flügeln. Ich weiß nur, daß wir heutigen Menschen vieles nicht mehr wahrnehmen, was die Menschen in Jahrtausenden geschaut haben, daß aber vielleicht sogar wir die Feinfühligkeit und Offenheit gewinnen können, zu schauen, was über unsere Menschenwelt hinausliegt. Man faßt mit den kritischen Mitteln einer heutigen Weltdeutung geistige Erfahrungen nicht so einfach.

Die Geschichte fährt fort: »Und sie fürchteten sich sehr.« Sie reagierten mit der Fassungslosigkeit, dem Schrecken, dem Entsetzen, den das Unheimliche, das Ungeheure auslöst. Und der Engel redet sie an: »Fürchtet euch nicht.« Nehmt an, was da zu euch kommt. Ich bedrohe euch nicht, laßt das Ungeheure ein. Ich will euch etwas sagen, das gut ist für euch. »Euch ist heute der Retter geboren«, der Helfer, der Repräsentant des Gottes, dem wir Engel dienen, über den Sternen und auf der Erde. Der von Gott Erwählte, der Gott auf dieser Erde vertritt, ist geboren, drüben in Bethlehem.

Der Engel nennt die Merkmale: die Stadt, das Kind, die Windeln, den Futtertrog. Und während er das sagt, öffnet sich der Himmel und die »Menge der himmlischen Heerscharen«, die den Lobgesang im Himmel herabziehen auf die Erde, singt: »Ehre sei Gott in der Höhe und Friede auf Erden bei den Menschen, denen Gottes Wohlgefallen gilt.« Sie meinen: Wir preisen Gott, der droben herrscht, dessen Ehre wir respektieren, und wir treten auf euch Menschen mit dem Friedensgruß zu, wie der Nomade in der Wüste auf das Zelt eines anderen zutritt mit dem Wunsch »Friede«, »Schalom«, »Salaam«. Sie sagen nicht, es herrsche nun auf Erden nirgends mehr Krieg, sondern Gott wende sich diesen Menschen, den Hirten von Bethlehem, mit dem Friedensgruß zu, eben weil dies die Menschen sind, an denen Gott Wohlgefallen hat. Der Friedensgruß vor dem Zelt eines Nomaden bedeutet ja nicht, daß man dem

anderen Frieden wünscht, sondern, daß der Ankommende sich erklärt: Ich komme ohne feindliche Absicht. Laß auch du die Waffe ruhen.
Die Welt wandelt sich dabei für die Menschen auf den Feldern um Bethlehem aus einer Welt der Geister und der Mächte in eine Welt Gottes, eine Welt, in der es für den Menschen gut ist, zu leben. Wenn aber wir, die nächtliche Szene von Bethlehem sehend, uns unserer Welt zuwenden, dann wird unser Gruß »Friede auf Erden! Friede allen Menschen!« lauten. Frieden allem, was Frieden braucht, um leben zu können. Nicht nur die Menschen, sondern alle Geschöpfe mit ihnen ersehnen in uns den Boten Gottes, der in der Geschichte von den Hirten im »Engel des Herrn« Gestalt annahm. Wir werden die Engel sein oder wir werden an unserer Bestimmung vorbeileben.

Diese Geschichte begleitet mich nun, seit ich denken kann. Am Heiligen Abend, ehe es die Geschenke gab, sagten wir Kinder sie auf, als wir noch längst nicht lesen konnten. Die ganze verträumte Welt eines kindlichen Lichterfests liegt in ihr, und ich kann sie noch heute nicht sprechen, ohne in die kleine Stube versetzt zu sein, in der damals der Christbaum stand. Noch heute ist sie mir der Inbegriff des Märchenhaften, diese Geschichte mit ihrem offenen Himmel und mit dem Gesang von Engeln, mit Hirten und Schafen, und mit einem jungen Paar, das bei aller Mühsal und Armut so unendlich geborgen mit seinem Kind in einem dunklen Stall ruht.
Dabei ist sie aber überraschend erdhaft. Maria und Josef reisen ja nicht zu ihrem Vergnügen nach Bethlehem, sondern weil ein brutaler Staat sie um ihr geringes Hab und Gut bringen will. Da sind eine Schwangerschaft und eine klare Nacht. Da sind ein Stall und ein Futtertrog. Und in diese erdhafte Szene kommt ein Wort, das der Stunde ihre Deutung gibt: Hier kommt Gott zu euch. Nicht in die Pracht und Herrlichkeit der Herrschenden, sondern in die Angst und Verlassenheit armer Leute. Nicht im strahlenden Sonnenlicht, sondern im Dunkel der nächtlichen Erde. Heimatlosigkeit kündigt sich an für das Kind und ein einsamer Weg über eine von Unrecht beherrschte Erde, Gefahr und schließlich Leid und Tod.

Ein Menschenschicksal ist angesagt, nicht der Heldenweg eines Halbgotts. Es ist euer Weg, ihr Menschen. Und Gott geht ihn mit euch. Er führt über Höhen und Tiefen, durch Tage mutigen Schaffens und Nächte verzweifelter Mattigkeit. Dieser Weg ist euch zugedacht, aber Gott begleitet euch.
Wir feiern den Anfang eines Menschenweges, der nun über diese Erde führen soll. Und wenn die Tage und Nächte auf dieser Erde durchlebt und durchlitten sind, soll dieser Weg nicht enden, sondern weitergehen, durch sein Ende hindurch in einen neuen Anfang. Sein Ende wird der Tag einer neuen, einer zweiten Geburt sein hinüber in ein andersartiges Dasein.

Wir haben es heute schwer, hier mitzugehen. Nicht weil wir so fortgeschritten wären, so klug und überlegen und dem Märchenalter entwachsen, sondern weil wir uns unter dem Weg durch unser Leben etwas Falsches vorstellen. Weil wir an unser Leben Erwartungen richten, die uns den Sinn unseres Weges nicht eröffnen können. Wir denken ständig an alles Mögliche, das wir erreichen wollen. Von Lebensabschnitt zu Lebensabschnitt denken wir an unsere Ziele, an die nächste Stufe des Erfolgs. Wenn wir alles erreicht haben, merken wir, daß in Erfolgen und Positionen eigentlich der Sinn des Lebens nicht liegen kann. Das war's, sagen wir am Ende traurig und resigniert und stehen im Leeren. Von Alterstraurigkeit spricht man neuerdings und meint: Wenn wir am Ende zusammenzählen, haben wir nichts in der Hand.
Wir müssen wohl einige wichtige Tatsachen wieder neu begreifen. Zum Beispiel: Nicht das, was wir erreichen, ist wichtig, wichtig ist der Weg selbst. Wichtig ist, wie wir ihn gehen, wie wir ihn finden oder verfehlen, wie wir über Höhen und Tiefen unsere Schritte setzen. Der Weg selbst ist das Leben. Und dieser Weg führt weiter als alle Erfolge und Mißerfolge unserer sechzig oder achtzig Jahre. Er hat seinen Sinn darin, daß er ja weitergeht und eben nicht endet. Er hat seine Schönheit aus der Liebeskraft, die uns unterwegs zuwächst, aus der Weisheit, die

wir finden, aus den Opfern, zu denen wir bereit waren. Aus dem weiten Raum des Gottesreichs, durch den er geführt hat und in dem er weitergehen wird, wenn er auf dieser Erde endet.
Nicht das Erreichbare oder das Erreichte ist wichtig, sondern das Gehen. Zacharias sagt in seinem Lobgesang:

> »Durch die herzliche Barmherzigkeit Gottes
> hat uns das Licht aus der Höhe besucht.
> Es erscheint denen,
> die in Finsternis und Schatten des Todes sind,
> und will unsere Füße richten
> auf den Weg des Friedens.«
> (LUKAS 1, 78F)

Wir sprechen davon, in Christus sei Gott Mensch geworden. Das heißt: In ihm sei der unendliche Abstand zwischen Gott und uns Menschen überbrückt worden.
Wir sprechen davon, in Christus sei die Kluft überwunden, die zwischen uns Menschen und unserer Welt ist. Es entstehe vor unseren Augen eine einzige umfassende Welt, von Gott durchdrungen, in der wir selbst und alle anderen Geschöpfe ihren sinnvollen Ort haben. Was unseren Augen sichtbar ist und was ihnen unsichtbar ist, sei eins.
Menschwerdung, »Inkarnation«, wie wir mit dem Fremdwort sagen, bedeutet: Das Oben kommt herab und durchdringt das Unten. Der Geist kommt und durchdringt die Materie. Die schöpferische Kraft Gottes kommt und durchdringt die irdischen Verhältnisse. Der Friede, der in Gott ist, kommt und durchdringt die von Streit und Haß zerrissene Welt der Menschen. Gott ist nicht mehr jenseits, sondern hier, in uns und um uns her. Und wir sind nicht mehr gespalten zwischen Geist und Leib, sondern eins. Kräfte aus Gott kommen zu uns, und wir können in ihnen leben.
Inkarnation heißt: Alles Zerrissene und Getrennte in dieser Welt ist in Gott verbunden. Dieses Leben im großen und umfassenden Zusammenhang nennt die Bibel »Frieden«. Sie meint: Wir stoßen nicht überall an

Grenzen und brauchen darum unsere Grenzen auch nicht mit Gewalt zu erweitern. Uns strömen Kräfte zu, wir müssen also unsere Kräfte nicht unablässig beweisen. Wir haben das Leben und müssen darum nicht um unseren Anteil am Leben streiten. Wir sind im Einvernehmen mit Gott und müssen deshalb unsere Schuld nicht ständig anderen Menschen zuschieben. Wir sind von Feindbildern aller Art erlöst. Wir sind im Leben und Sterben geborgen und müssen darum nicht ständig von unserer Sicherheit reden und nicht ständig irgendwelchen Widersachern drohen.
Menschwerdung, Leibwerdung Gottes, Weltwerdung Gottes – das sind die Umschreibungen für den Sinn und das Geheimnis der Geschichte vom Kind in der Krippe. Wer das einmal gesehen hat, wird spüren, daß diese seltsame, scheinbar so legendäre Geschichte eines der wichtigsten Bilder ist, die die Wahrheit Gottes unter uns Menschen annehmen kann.

Weihnachten gilt uns als das Fest des Friedens. An Weihnachten soll unser Weg durch das Leben anfangen, ein Weg des Friedens zu sein, den wir ohne Streit und Kampf gehen, ohne Vorwürfe und Anklagen, im Frieden mit Gott. Im Frieden mit uns selbst, im Frieden mit unserem Geschick, im Frieden mit den Menschen um uns her. Wenn uns der Friede gelingt, ist unser Lebensweg gelungen.
Dieser Weg des Friedens beginnt immer wieder neu, er beginnt jedes Jahr immer wieder in dieser dunkelsten Nacht. Er beginnt zusammen mit jenem Jesus Christus, der in Bethlehem zur Welt kam. Jedesmal, in jeder dieser heiligen Nächte, beginnt in uns selbst der Weg, den Christus auf dieser Erde geht. Sein Sinn ist, daß wir ihn immer bereitwilliger gehen und uns dabei immer tiefer wandeln lassen in einen christusähnlichen Menschen, damit wir immer fähiger werden, auch unseren letzten Schritt hinüber in die andere, die größere Welt, im Frieden zu tun.
Die Geschichte von der Geburt des Kindes in Bethlehem sagt uns: Du bist auf diese Erde gesandt. Gehe nun diesen Weg auf der Erde, achte

auf Gottes Willen, achte auf seine Führung, auf die Zeichen, die er dir gibt. Der dich gesandt hat, ist da. Er führt dich. Er begleitet dich mit dem Gesicht eines Bruders. Er stützt dich. Er zeigt dir deinen Weg. Er empfängt dich am Ende. Und er führt dich weiter, ohne Aufhören. Unendlich.

Denn du bist nicht irgend jemand. Du bist nicht ein austauschbares, ein entbehrliches Teil der Masse Mensch. Du bist dieser eine, unverwechselbare, von Gott gemeinte und geliebte Mensch. Du bist ein Mensch, an dem Gott Wohlgefallen hat. Du bist der, den er besucht, du bist die Erde, über der der Stern steht. Und wenn über dieser Erde, über dir, Nacht ist, dann gilt dir, was der Lobgesang des Zacharias sagt: Das Licht aus der Höhe wird dir über dem Ort erscheinen, an dem dein Schicksal sich abspielt, in Finsternis und Schatten des Todes.

# VII Die Träume des Josef

Die Weihnachtsgeschichte erzählt von Nazareth und Bethlehem, von Hirten und Engeln, von Maria, Josef und dem Kind. Dabei liegt alles Interesse natürlicherweise bei der jungen Frau und ihrem kleinen Sohn, während von Josef, ihrem Mann, nur am Rande die Rede ist. Aber ich meine immer mehr, wenn ich den alten Bericht lese, wir seien hinter seine Gestalt, die die Evangelisten schildern, noch gar nicht recht gekommen. Ich meine jetzt nicht die umstrittene Frage, ob er der leibliche Vater des Kindes sei oder nicht. Diese Frage haben die Christen zu allen Zeiten verschieden beantwortet. Es liegt auch heute in der Freiheit jedes einzelnen, ob er sich an dieser sensiblen Stelle so oder anders entscheidet. Mir geht es um etwas anderes.

In der Bibel lesen wir immer wieder: Gott erschien diesem oder jenem Menschen im Traum. Oder: Diese und jene hörte im Traum ein Wort von Gott. Oder: Ihm erschien ein Engel im Traum. Oder: Sie empfing Weisung im Traum. So sagt die Bibel auch:

»Gott redet einmal auf diese Weise,
einmal auf eine andere,
nur beachtet man es nicht.
Im Traum, im Nachtgesicht,
wenn der Schlaf auf den Menschen fällt,
öffnet Gott ihm das Ohr.«
(Hiob 33,14f)

Es ist seltsam, wir klugen, modernen Menschen wissen so viel von den Träumen, aber daß Gott uns in einem Traum eine Weisung geben könnte, das vermögen wir uns nur schwer vorzustellen.

Wenn ich die Geschichte von Josef lese, fällt mir auf, daß dieser Mensch in einem gerade für Männer ungewöhnlichen Maß auf seine Träume geachtet hat. Josef wollte, erzählt die Bibel, eine junge Frau heiraten. Da stellte sich noch vor der Hochzeit heraus, daß sie schwanger war. Das war unbegreiflich. Es war nicht nur peinlich, es lag darin für ihn so etwas wie eine Lüge, ein Verrat. Eine junge Braut ist für den Mann Inbegriff alles Lebendigen, alles Liebens- und Schützenswerten, alles Schönen und Heiligen. Ihr Bild ist verletzlich. Es ist zerstörbar. Und wenn es zerstört ist, geht im Mann mehr zugrunde als nur die Liebe zu dieser jungen Frau.

Nun erzählt die Weihnachtsgeschichte: »Josef hatte vor, Maria heimlich zu verlassen. Während er aber so dachte, schau! da erschien ihm ein Engel Gottes im Traum: Josef, du Sohn Davids, fürchte dich nicht, Maria als deine Frau zu dir zu nehmen; denn ihr Kind ist aus Heiligem Geist. Du sollst es Jesus heißen, ›Helfer‹, denn es wird ein Helfer seines Volkes sein ... Als nun Josef vom Schlaf erwachte, tat er, wie ihn der Engel gebeten hatte, und nahm sie als seine Frau zu sich.« (Matthäus 1,19–21.24)

Darin verbirgt sich eine innere Geschichte, die davon redet, wie wir mit den Erfahrungen unserer Seele umgehen können. Die Erzählung meint, im Traum fielen die Entscheidungen, dort fänden wir die Gründe und Zusammenhänge unseres Lebens, und es liege alles daran, daß Stimmen und Bilder, die dort erscheinen, nicht überspielt oder vergessen werden.

Josef gerät uns leicht zu einem senilen Trottel. Aber das Evangelium redet von einem wachen Menschen, der seinen Weg sieht, ihn geht, der sich durch seine Träume bestimmen läßt zu bleiben, auszuharren und anzunehmen, was auf so fremde Weise zu ihm kommt. Es redet von seiner Standfestigkeit, seiner Treue, seiner Hingabefähigkeit. Es redet von ihm als von einem Menschen, dessen Wachheit eine Innenseite hat. Von ihm wird erzählt, er habe viermal einen Traum gehabt, viermal habe er durch einen Engel eine Weisung erhalten, die seinen

Weg und sein Handeln betraf, und – das ist das Wichtigste – viermal habe er sich von seinem Traum bestimmen lassen. Und wir fragen uns, wer denn überhaupt in diesem Maß bereit und fähig sei, sich durch Träume führen zu lassen. Welche Wachheit gehört dazu! Welche Aufmerksamkeit! Welche Fähigkeit, die eigene Meinung und den eigenen Willen hintanzustellen!

Wenn wir von Männern reden: Welcher Mann ist fähig, innere Erfahrungen so ernst zu nehmen, daß er nach ihnen handelt? Daß er auch nach ihnen handelt, wenn die Weisung aus dem Unbewußten oder dem Übernatürlichen gegen die eigene Einsicht und das eigene Urteil geht?

Ist dies sein Kind? Offenbar nicht. Und doch bleibt er. Um dieses Kindes willen nimmt er das Schicksal des Flüchtlings auf sich, des Gehetzten, des Bedrohten, der mit allem rechnen muß. Als das Kind in Bethlehem geboren ist, »da erschien der Engel des Herrn dem Josef im Traum: Steh auf, nimm das Kind und seine Mutter und flieh nach Ägypten, und bleibe dort, bis ich es dir sage, denn Herodes hat die Absicht, es zu töten«. (Matthäus 2,13)

Und Josef stand noch in der Nacht auf, nahm das Kind und seine Mutter zu sich und wich nach Ägypten aus. Dort blieb er bis nach dem Tod des Herodes, also rund drei Jahre.

Genügte es nicht, daß er die Reise nach Bethlehem hatte unternehmen müssen? Genügte es nicht, daß seine Werkstatt in Nazareth monatelang leerstand? Nun auch noch, und zwar für Jahre, nach Ägypten! Und wieder ist da diese erstaunliche Hörbereitschaft. Er steht auf und geht. Und alles um dieses merkwürdigen fremden Kindes willen.

Die Geschichte des Mannes Josef geht weiter. Als Herodes gestorben war, erschien der Engel dem Josef in Ägypten zum drittenmal im Traum: »Steh auf, nimm das Kind und seine Mutter zu dir, und kehre ins Land Israel zurück; die dem Kind nach dem Leben trachteten, sie sind gestorben.« (Matthäus 2,20)

Und er stand auf, nahm das Kind und seine Mutter und kam ins Land Israel. Die Angst begleitete ihn auch auf dem Heimweg und der Zweifel, ob er dies alles nicht vielleicht sich selbst vorsage. Als er hörte, daß nun der Sohn des Herodes in Judäa König war, fürchtete er sich, nach

Bethlehem zurückzukehren. Da kam im Traum ein Wort von Gott zu ihm, er solle nach Galiläa gehen. Und so endlich kehrte er nach Nazareth zurück. (Matthäus 2, 22f)
Vier Träume. Wegweisungen. Impulse. »Fürchte dich nicht«, sagt der Engel. »Steh auf«, sagt er. Und noch einmal: »Steh auf«; und ein viertes Mal: »Geh!«

Träume sind eine vergessene Sprache Gottes unter uns. Träume rufen uns zur Umkehr, zum Umdenken, zum Aufbruch, zu einer bestimmten Tat, zu einem Wort, das wir sprechen sollen.
Im Traum kommen Signale aus der Tiefe des Menschen nach oben ins Bewußtsein. Und manchmal kommen die Zeichen, Bilder und Signale von Gott. Ich muß also auf meine Träume achten, damit ich nicht überhöre, was Gott mir sagen will. Träume sind Botschaften in der Sprache der Seele. Ich selbst habe eine solche Fülle von Träumen erlebt, die mich gewiesen oder getröstet oder gewarnt haben, daß ich die Berichte der Bibel nicht merkwürdig finde, in denen es heißt: Und Gott sprach zu Abraham oder Gott sprach zu Josef im Traum. Wenn wir besser auf unsere Träume achteten, wären unsere Seelen weniger krank und weniger niedergedrückt. Wir würden die Augen schließen, und vielleicht würden wir Dinge träumen, die uns von einer ganz anderen, verborgenen Wirklichkeit erzählen. Selig sind die Träumenden, denn sie wissen, daß einige ihrer Träume Wirklichkeit werden!
Ein Traum, in dem nicht unsere eigene Seele, sondern Gott zu uns spricht, kann an jeden von uns ergehen. Da wissen wir plötzlich: Jetzt muß ich zuhören. Da will mir irgend jemand etwas sagen, das wichtig ist. Und dann machen wir eine Erfahrung, sind von einer Ahnung umgetrieben, entdecken dabei, daß wir nun unsere Zeit nicht mehr damit verbringen können, zu sitzen und den Abend abzuwarten, sondern etwas tun müssen. Steh auf! hören wir. Da ist ein Weg. Da ist etwas, das ist dir anvertraut. Nimm es in acht. Und dann steht einer auf und tut in seiner Freizeit irgend etwas für andere Menschen, begleitet Sterbende, besucht Häftlinge, widerspricht dem, was in seiner Stadt oder

seinem Land geschieht, und tut irgend etwas Unpolitisches oder etwas Politisches um der Menschen willen, um des Kindes in den Menschen willen, das leben soll und nicht zugrundegehen.
Wenn er aufgestanden ist und seinen Auftrag erfüllt, kann geschehen, was Martin Luther King erzählt: »Ich konnte nicht schlafen. Es war mir, als bräche alle Angst und Not der letzten Wochen auf einmal über mich herein. Ich war am Ende meiner Kraft. Ich saß am Küchentisch und grübelte darüber nach, wie ich von der Bildfläche verschwinden könnte, ohne als Feigling zu erscheinen. In diesem Zustand äußerster Erschöpfung und völliger Mutlosigkeit legte ich Gott meine Not hin. Den Kopf in den Händen, betete ich laut. Die Worte in dieser mitternächtlichen Stunde sind mir noch in lebendiger Erinnerung: ›Herr, ich glaube, daß ich für eine gerechte Sache kämpfe. Aber ich habe jetzt Angst. Ich kann nicht mehr weiter. Ich habe einen Punkt erreicht, wo ich es allein nicht mehr schaffe.‹ In diesem Augenblick erlebte ich die Gegenwart Gottes wie nie zuvor. Mir war, als hörte ich eine innere Stimme, die mir Mut zusprach: ›Steh auf für die Gerechtigkeit! Steh auf für die Wahrheit! Und Gott wird immer an deiner Seite sein!‹ Fast augenblicklich waren meine Ängste dahin. Meine Unsicherheit verschwand. Ich war bereit, allem ins Auge zu sehen. Die Furcht klopfte an die Tür. Der Glaube antwortete. Niemand trat ein.«
Es entsteht eine Gelassenheit und Ruhe, die ohne den Traum von der gerechten Sache nie entstünde. Solche Gelassenheit ist ja alles andere als Gleichgültigkeit. Sie besteht darin, daß da einer sich selbst nicht mehr ganz so wichtig findet. Daß er nicht mehr selbst der Mittelpunkt seines Lebens ist, sondern etwas anderes. Daß er nicht mehr nur er selbst ist, daß da vielmehr etwas Neues in ihm entsteht wie ein Kind, wie ein neuer Mensch: der Christus in ihm.
Ob Josef wirklich ein alter Mann war, wie die Legende und die christliche Kunst meinen, steht dahin. Josef in der Gestalt eines alten Menschen meint dies, daß der Mensch selbst abnimmt, damit das Kind Raum findet in der Welt. Wozu wird man alt? fragt sich mancher und kann nichts Nützliches darin sehen, daß seine Kräfte abnehmen. Aber diese Veränderung hat eine Botschaft in sich: Du wirst noch gebraucht,

du hast noch etwas zu tun. Vielleicht nicht einmal für andere Menschen, wohl aber für den neuen Menschen in dir selbst. Und wenn dir das nichts sagen will, dann fang damit an, daß du auf deine Träume achtest und den Boten, die dir dabei begegnen, vertraust.

In den Träumen kommt uns unter Umständen ein Strom von Kräften entgegen, seelischen Kräften oder kosmischen, wie immer wir sie bezeichnen wollen. Denn Träume sind keineswegs Schäume, sie sind ein Ort, an dem Kräfte spielen, kämpfen, sich ausdrücken, auftauchen und weggehen. Wie Gedanken nicht aus Luft bestehen, sondern Energien sind, so sind es noch viel mehr die Träume. Wer das einmal ernst genommen hat, für den ist die Vorstellung von Wesen und Mächten außerhalb und oberhalb des Menschen im Grunde einfach und selbstverständlich. Ich habe einige der wichtigsten Einsichten in meinem Leben aus Träumen empfangen und nicht durch das, was der Kopf bei Tage dachte.

Und da erleben wir, wie in uns eine neue Achtsamkeit entsteht, eine Art anhaltender Geistesgegenwart, durch die wir unabhängig werden von den Meinungen um uns her und durch die wir nicht nur besser verstehen, wer wir selbst sind, sondern auch, was durch uns geschehen soll.

Denn im Traum berühren sich unsere Vergangenheit und unsere Zukunft. Der nächtliche Traum hängt zusammen mit dem, was wir bei Tage träumen. Träume haben ihre eigene Kraft. Nichts verwandelt unsere Wirklichkeit so nachhaltig, wie Träume es tun. Alle großen geschichtlichen Umbrüche sind zuerst geträumt worden, ehe sie sich durchsetzten. Denn da gibt es den Nachttraum, und es gibt den Tagtraum, den wir die Utopie nennen. Der Traum, den wir schlafend träumen, erzählt von der Vergangenheit, von der Kindheit eines Menschen oder von jener Urzeit, aus der auch der heutige Mensch noch lebt. Vergessenes kommt zum Vorschein, Verdrängtes schafft sich Raum, Verschüttetes wird frei, und die Traumbilder reden und malen, bewirken Veränderungen, warnen, geben Hoffnung.

Der Tagtraum andererseits, die Utopie, bereitet die Zukunft vor, deutet die Zukunft, malt Bilder einer künftigen neuen Ordnung, einer künftigen Welt und eines künftigen Menschen. Ein solcher Tagtraum erfaßt oft eine ganze Generation, eine ganze Epoche. Er deutet, ohne schon den Weg zu wissen, ein fernes Ziel. Ungenaue Bilder, aus Ahnung und Hoffnung hervorgehend, werden in Millionen Menschen gleichzeitig wach. Irgend etwas liegt in der Luft. Irgend etwas will neu gesehen und verstanden werden. Und von dem, das sich da andeutet, hängt das Leben ab.

So wurde unter den schwarzen Bürgern Amerikas der Traum von ihrer Gleichberechtigung den Weißen gegenüber generationenlang geträumt, bis er plötzlich als politische Macht in Erscheinung trat und die Szene grundlegend veränderte. So wurde der Gedanke von den Freiheitsrechten der Menschen gegenüber ihren Herrschern jahrhundertelang von Aufrührern und von Dichtern geträumt, ehe er sich in Revolutionen und neuen Formen staatlichen Lebens durchsetzte. Alles, was die Arbeiterbewegung im Lauf von mehr als hundert Jahren erreichte, etwa daß der Mensch auch ein Mensch bleibe an seinem Arbeitsplatz und daß er ein Recht auf ein Leben habe, das nicht nur aus Sklaverei besteht, begann in den Träumen von Literaten und von betroffenen, leidenden Menschen.

Heute sind wir Zeugen eines neuen Tagtraumes: des Traumes vom Frieden auf dieser Erde.

Den träumten noch vor 20 Jahren einige wenige Außenseiter. Heute träumen ihn Millionen und Abermillionen, während das politische Geschäft rund um die Erde weitergeht, als gäbe es diesen Traum nicht. Wie jeder elementare Traum von Völkern drängt er unwiderstehlich in die Wirklichkeit ein. Er schafft zunächst keine andere politische Szenerie, er schafft zunächst Symbole: Etwa das Bild einer Menschenkette quer durch das Land. Und aus Symbolen heraus verändert sich das Land selbst.

Philipp Potter, der frühere Generalsekretär des Weltkirchenrats, sagte einmal: »Ich glaube, es wird Änderungen geben und zwar aus dem sehr einfachen Grunde, daß es immer mehr Menschen auf der Welt gibt, die nicht mehr akzeptieren, was ist.«

Es ist eine geschichtliche Erfahrung, die unsere politisch Verantwortlichen eigentlich wecken müßte: Wer von Utopien verächtlich spricht, läuft an der Zukunft vorbei. Das mit dem Frieden, sagen viele, ist eine Utopie. Indem sie das sagen, verbauen sie sich und anderen den Weg in die Zukunft. Sie tun so, als bestünde der Weg in die Zukunft darin, daß man die Vergangenheit festhält. Und unversehens werden die Träumer zu den Realisten der Zukunft und die Realisten zu den Träumern der Vergangenheit.

Das ist eine Utopie, das ist eine Träumerei, sagt mancher und wundert sich, daß ihm nie etwas Neues einfällt, etwas, das Zukunft hat. Das sind alles Emotionen, sagt man. Man muß das nüchtern sehen. Und die Nüchternheit, die an der Vergangenheit festgemacht ist, bleibt stehen, während etwa eine ganze Generation junger Menschen längst in ihre Zukunft unterwegs ist und ihr Traum sich längst in eine weltweit wirksame politische Kraft verwandelt.

Hören wir der Bibel zu, dann stellen wir fest: Sowohl der nächtliche Traum des Schlafenden als auch der Tagtraum des wachen Menschen sind Mittel in der Hand Gottes. Gott öffnet dem Menschen in der Nacht das Ohr oder am Tage das Auge. Das bedeutet nicht etwa, daß der Träumer im Schlaf lebt oder im Schlaf glaubt, sondern das Gegenteil: daß er durch seinen Traum wach wird. Er träumt von einem Weg. Und wenn er erwacht, geht er ihn wacher als zuvor. Er träumt einen Weg, denn Gott setzt uns nicht mit einem Sprung in eine neue, künftige Welt. Er zeigt einen Weg auf dieser Erde, dessen Ziel in der Zukunft liegt. Denn das »sinnvolle Leben« ist in der Sprache der Bibel ein Leben, das Verheißung hat. Die Verheißung aber kommt aus einer sehr fernen Vergangenheit und deutet über den heutigen Tag hinaus in die Zukunft.

Im Traum der Träumer vollzieht sich die Verwandlung der Dinge. Es gibt die alte Sage von jenem unglücklichen König, dem sich alles, was er anfaßte, in totes Gold verwandelte. Dem Träumenden verwandelt sich umgekehrt, was er anfaßt, unter den Händen in ein Zeichen der Erlösung. Ihm ist nicht mehr wichtig, wie die Dinge waren, sondern wie sie nun, nach Christus, sind und wie sie werden sollen.

Vielleicht müssen wir die Geschichten des Evangeliums, die von Jesus erzählen, einmal mit anderen Augen lesen: daß sie ein einziger großer, starker, wirksamer Tagtraum sind, der eine Verwandlung der Welt vorbereitet, die an die Wurzel geht.

Ist die Erde, nachdem Jesus einmal seine Vision vom Gottesreich gezeigt hat, immer noch nur die Erde? Ist sie nicht Ort des Gottesreichs? Ist der Kosmos nur die ungeheure, beängstigende Leere, in der das Raumschiff Erde seine endlichen Runden beschreibt? Ist er nicht das Haus des Vaters? Ist die Zeit nun noch ein Zeichen des Fluchs, ein Mahnzeichen der Vergänglichkeit? Messen wir nun nicht unsere Jahre nach dem Jahr des Heils?

Denn Gott schafft sein Reich nicht, indem er vernichtet, was zuvor war, sondern indem er es verwandelt. Er beseitigt die alte Schöpfung nicht, sondern schafft die neue durch die Verwandlung der alten.

Der Träumende schaut die Zukunft in den Bildern der Gegenwart. Das gilt von allen Lebensgebieten. Wer etwa sein Kind erzieht, muß wissen, daß es eines Tages erwachsen sein wird, und muß aus diesem Wissen handeln. Er kann nichts tun, damit es wächst, aber er hält ihm den Raum frei, in den es hineinwachsen kann. Er wird dem Heranwachsenden so viel helfen können, wie er Ehrfurcht vor dem Geheimnis seiner Zukunft hat. Und wer mit der Welt umgeht, wird ebenso das Geheimnis ehren, daß aus ihr die größere, die vollkommenere Welt erst werden soll. Die Hoffnung aber ist der freie Raum, in den das Reich Gottes in dieser Welt hineinwächst.

Das verbindet uns letztlich mit dem seltsamen Symbol des Menschen Josef. Indem wir träumen und unseren Träumen nachgehen, sind wir uns bewußt und sind darüber glücklich, daß wir eine handfeste Aufgabe haben, daß aber letztlich nichts durch uns allein zu entstehen braucht. Das Reich Gottes entsteht nicht dadurch, daß wir es bauen. Es wird nicht fertig dadurch, daß unsere Arbeit fertig wird. Es reift nicht dadurch, daß wir zu Ende reifen. Es vollendet sich schon eher, indem unser eigenes Leben und unsere Menschengestalt sich in den Händen Gottes vollenden. Der Trost für die Träumenden ist der, daß in ihren Händen nichts fertig zu werden braucht. Gott wird verwandeln, was an uns unzureichend blieb, unsere kleine Leistung, unseren kleinen Glauben, den kleinen Ertrag unseres Lebens. Wir werden nicht gemessen an dem, was fertig wurde, sondern an dem, was durch die Gnade Gottes in diesem Leben angefangen hat, was, noch so unscheinbar, in ihm entstand als ein Zeichen dessen, was kommen soll. So gibt es für uns auch dann keine Resignation, wenn unser Traum vom Frieden vergeblich scheint, wenn die anderen scheinbar mächtiger sind, wenn der Geist des Hasses sich immer und immer wieder durchzusetzen scheint. Der Traum vom Frieden ist dennoch der Weg in die Zukunft.

# VIII Ein Stern in Babylon

Eine Nacht besonderer Art: »Als Jesus in Bethlehem in Judäa geboren war, es war in den Tagen des Königs Herodes, da kamen Magier aus dem Osten nach Jerusalem und sprachen: Wo ist der neugeborene König der Juden? Wir haben seinen Stern aufgehen sehen und sind gekommen, ihn zu verehren.« (Matthäus 2,1f)
Eine Nacht, die für uns tief in der Welt der Märchen stattfindet, im Legendären. Uns scheint, hier komme so viel des Unwahrscheinlichen zusammen, daß es kindlich wäre, die Geschichte anzunehmen, wie sie dasteht. Aber sehen wir zu.
Wer sind die »Magier«? Wir reden auch von den Weisen aus dem Morgenland oder auch von den »Heiligen Drei Königen«. Aber »Magier« bedeutete damals etwas sehr Genaues: Ein Magier war ein Angehöriger der parthischen Priester und Richterkaste. Das Wort bedeutet ungefähr so viel wie »Träger eines Bundes mit Gott«. Zur Zeit der Geburt Jesu hatte sich die Bedeutung ausgeweitet auf die Wissenschaftler, die die uralte Priesterweisheit Babylons bewahrten, ihre Mathematik und Astronomie, aber auch ihr Zauber und Traumdeuterwesen, und die die babylonische Tradition und die persische Überlieferung verbanden.
So erscheinen eine ganze Anzahl Begriffe in unserer Geschichte, die aus der astronomischen Fachsprache kommen und uns warnen, allzu rasch von einer Legende zu reden. In den meisten deutschen Übersetzungen heißt es: »Wir haben seinen Stern im Morgenland gesehen.« Genau heißt es aber: »Wir haben seinen Stern im Aufgang gesehen.« Das ist ein Fachausdruck für das Sichtbarwerden eines Sterns in der Morgendämmerung, und zwar dort, wo die Sonne aufgeht. Das Wort, das die Magier für »Stern« gebrauchen, war damals gleichbedeutend mit dem Namen des Jupiter. Auch die andere Wendung, daß der Stern »stillstand«, ist ein astronomischer Ausdruck. Für den Astronomen ist

bei den Bahnen der Planeten der Zeitpunkt wichtig, zu dem ein Planet stillzustehen scheint, weil er sich anschickt, in eine Gegenbewegung überzugehen. Und wenn Herodes fragt, wann der Stern »erschienen« wäre, so gebraucht er ein Wort, das in der Fachsprache das erste Erscheinen eines Sterns im Frühaufgang bedeutete.
Nach heutiger Erkenntnis sahen die Magier den Planeten Jupiter in einer Verbindung mit dem Planeten Saturn. Sie sahen also eine Sternkonjunktion, und zwar im Sternbild der Fische. Jupiter war ihnen der Stern der Könige, Saturn der Stern der Juden. Das Sternbild der Fische deutete auf das südliche Syrien, also das heutige Israel hin. Diese beiden Planeten kamen einander im Jahre 7 vor Christus, also in dem Jahr, das wir nach dem Zeitpunkt der Steuererhebung als das Geburtsjahr Jesu ansehen, dreimal so nahe, daß sie fast als ein einziger Stern erschienen: das erstemal vom 29. Mai bis 8. Juni, das zweitemal vom 26. September bis 8. Oktober, das drittemal vom 5. bis 15. Dezember. Das ist ein Vorgang, der sonst über viele Jahrhunderte hin nicht vorkommt.
Für die parthisch-babylonischen Magier bedeutete die Himmelserscheinung des Jahres 7: Im südlichen Syrien muß ein hochbedeutsamer jüdischer König geboren sein. Auf Keilschrifttafeln finden wir wiederholt Sätze wie: »Wenn das und das geschieht, dann wird ein großer König im Westen aufstehen, dann wird Gerechtigkeit, Friede und Freude in allen Ländern herrschen und alle Völker beglücken.«
Interessant ist in diesem Zusammenhang das Bruchstück einer Tontafel, die in der Sternwarte des Sonnentempels von Sippar am Euphrat gefunden wurde. Auf ihr lesen wir: »Auf Befehl meines Herrn und meiner Herrin. Eine Vorausberechnung. Im 305. Jahr der Seleukidenära (das ist das Jahr 7 vor Christus) ... Juni – Juli: Jupiter und Saturn in den Fischen. Venus im Löwen. Mars in der Waage. Jupiter steht im Ende der Fische zum erstenmal still. Am 24. Juli steht Saturn im Ende der Fische zum erstenmal still. Am 7. September Vollmondmorgen. Am 15. September Jupiter steht vor Sonnenuntergang zum letztenmal still.«

Die Planeten bewegen sich in enger Verbindung hin- und her, nie mehr als 3 Grad voneinander entfernt, und während jeder zweimal eine Umkehr vollzieht, also stillsteht, kommen sie sich dreimal nahe. Die Angaben lassen sich heute nachrechnen. Kepler hat schon am 10. Oktober 1604 in Prag eine solche Konjunktion zwischen Jupiter und Saturn beobachtet und sie mit der vom Jahr 7 vor Christus in Verbindung gebracht.

Wenn wir lesen, der Stern sei »stehengeblieben«, als die Magier nach Bethlehem kamen, dann ist für uns die Grenze des Glaubhaften überschritten. Aber das Wort bezeichnet nichts anderes als jene Umkehr des Planeten. Die Magier kamen dahin zu einer Zeit, in der der Stern eine seiner Wendungen vollzog.

Beachtet man die Deutung, die die Sternwarte von Sippar dem Vorgang gegeben hat, liegt es nahe, daß sich einige der Magier auf die Reise begaben. Ich stelle mir vor, wie sie den Euphrat entlang durch das Land reisen, durch Mesopotamien, das in unseren Tagen so schrecklich zerstört wurde, durch Jordanien, das die Flüchtlingsströme des letzten Kriegs sah. Vielleicht auch durch Syrien, über Palmyra und Damaskus, und durch Israel bis nach Jerusalem. Durch alle diese Länder, in denen 1991 der grauenvolle Krieg tobte, einer der hunderte, von denen die Geschichte weiß.

Und sie gehen nach den Sternen. Ich habe seinerzeit als Flieger des Zweiten Weltkriegs gelernt, Navigation nach den Sternen zu treiben. Ich habe es auch getan, als ich vor Schluß des Kriegs versuchte, der Gefangenschaft zu entgehen, indem ich mich bei Tage eingrub und bei Nacht nach den Sternen wanderte. Ich kann mir leicht vorstellen, wie sie durch die kühlen Nächte gewandert sind, immer nach den Sternen schauend, wie es bis heute die Nomaden tun. Mir ist der Weg der Magier nicht so sehr eine Legende, sondern etwas sehr Nachfühlbares, sehr Reales auf den Sandpisten zwischen dem Euphrat und Bethlehem. Für mich hat auch das Lied des Jesaja einen sehr konkreten Sinn:

»Steh auf! Nimm Licht in dich auf!
Vor dir ist ein Licht,
und der Glanz Gottes geht auf über dir.
Denn schau! Finsternis bedeckt die Erde

und Dunkel die Völker,
aber über dir geht Gott auf
und sein Glanz erscheint über dir.«
(Jesaja 60,1f)

»Binde deinen Karren an einen Stern«, hat Leonardo da Vinci gesagt. Ein paar Männer also wandern oder reiten in der Dunkelheit durch die syrische Wüste unter einem Stern. Es ist seltsam, daß auch in unserer Zeit, die in solchen Geschichten Legenden, Phantasien, Erfindungen erblickt, diese Reise, von der wir so wenig wissen, zu den von Künstlern immer und immer wieder beschworenen Urbildern des wandernden Menschen gehört. Dieses Vertrauen, nach den Zeichen eines Sterns auf der Erde einen Weg zu einem unbekannten Ziel zu suchen, und die Gnade, es tatsächlich zu finden, scheint uns Heutige tief zu berühren, uns, denen nichts so sehr fehlt wie das Vertrauen in unseren Weg, in unsere Ziele oder gar in einen Gott, daß er uns Zeichen gäbe, wohin die Reise zu gehen habe. Wie sollte ein Naturereignis, noch dazu eines von außerhalb unserer Erde, einen zutreffenden Hinweis enthalten können auf einen Vorgang in der Geschichte des Menschen? Wie sollten die verschiedenen Schichten oder Räume der Natur eine Botschaft füreinander haben? Wie sollte der Sternhimmel zu mir, dem beobachtenden Menschen, reden können? Wie sollten Stern und Erde, Natur und Mensch vom selben Ereignis berührt sein können? Das Erstaunliche ist das Vertrauen der fremden, unbekannten Männer, der Weg, den sie auf der Erde suchen, werde sie an den von den Zeichen am Himmel gemeinten Ort führen, und, was die Sterne sagten, werde sich auf der Erde als wahr erweisen.
Könnte es nicht sein, daß auch uns eine Wirklichkeit zugänglich würde, die wir vergessen und verdrängt haben? Könnte unsere Aufgabe nicht die sein, daß wir uns bisher ausgesparten, verleugneten, vergessenen Wirklichkeiten neu öffnen und es in Kauf nehmen, daß man uns rückständig oder Schlimmeres schilt? Könnte es nicht sein, daß sich ein Weg zeigte, auf dem der neurotische Mangel an Vertrauen, der das Daseinsgefühl der Menschen um uns her bestimmt, ausgefüllt würde

und auf dem sich uns eine größere, eine reichere, eine tiefere Wirklichkeit offenbarte als die, die wir kennen, und wir fähig würden, uns ihr mit einem neuen Vertrauen zuzuwenden?

Am Ende des Weihnachtsfestkreises feiern wir, am 6. Januar, das Fest der Erscheinung Christi, das ursprüngliche Weihnachtsfest. Später, als man Weihnachten auf den 25. Dezember legte, wurde der 6. Januar zum Fest der Heiligen Drei Könige, der Magier der Weihnachtsgeschichte. Weil aber die Besucher aus dem Osten, die zu dem Kind von Bethlehem reisten, aus einem fremden Land kamen, aus einem heidnischen, weil sie die ersten waren, die aus einem fernen Volk zu Christus fanden, wurde der 6. Januar zum »Tag der Mission«.

Ich erinnere mich: Ich war zehn Jahre alt, da war ich in den Winterferien bei meinen Großeltern im Allgäu. Mein Großvater, ein frommer Mann, ein Landjäger und Flurschütz, einstens stolzer Ulan des württembergischen Königs, hatte nichts gegen die Heiligen Drei Könige. Im Gegenteil, die mochte er. Es waren immerhin Könige. Aber er hatte etwas gegen den Tag der Mission. Er ging das ganze Jahr jeden Sonntag zur Kirche, aber nicht am 6. Januar. »Wenn man heute Mission treiben will«, sagte er mir, »dann soll man die Gottlosen bei uns bekehren. Es gibt genug davon. Aber nicht die Menschen in Afrika oder Asien.« So gingen wir am 6. Januar miteinander durch den Wald. Ich an seiner Hand.

Richtig daran scheint mir, daß die Geschichte von den Magiern etwas erzählt, das mit unseren Vorstellungen von christlicher Mission schwer zu verbinden ist. Mission besagt für uns: Die Heiden leben fern von Gott. Sie können ihn nicht finden. Darum gehen wir hinaus und bringen ihnen die Wahrheit, das Evangelium.

Die Geschichte von den Magiern aber sagt etwa das Gegenteil. Da kommen Leute aus einer, wie wir zu sagen pflegen, primitiven Religion. Sie beschäftigen sich mit Astrologie und anderen okkulten Dingen. Sie sehen eine Erscheinung am Himmel, gehen der Sache nach und erkennen: Da muß bei den Juden etwas geschehen sein. Ihre heidnische Naturreligion führt sie, bis irgendein Schriftgelehrter oder Priester in

Jerusalem ihnen etwas Genaueres sagen kann. Es gibt also einen Weg, der umgekehrt läuft als der Weg der Mission.
Ich glaube, unsere Kirchen haben das Brisante an dieser Geschichte selten begriffen. Wir haben ja selten begriffen, wozu die Mission der Europäer in der Welt immer wieder geführt hat: zu Eroberungen und Kolonisation, auch zu Ausbeutung der fremden Menschen durch christliche Staaten.
Wir haben ihnen nicht nur den Glauben gebracht, sondern auch die Armut, die Zerstörung ihrer Lebensordnungen und Gemeinschaften. Den Alkohol. Nicht nur die Medizin, sondern auch den Hunger. Nicht nur die Frömmigkeit, sondern auch die Gottlosigkeit.
Die Geschichte von den Magiern sagt: Die Richtung ist umgekehrt. Die Männer haben in ihrer fremden Naturreligion ein Zeichen von Gott empfangen, und ehe irgendein Zeitgenosse unter den Priestern in Jerusalem etwas von Christus wissen konnte, kommen sie dort an und fragen nach ihm.
Ich meine, wir hätten an diesem Punkt umzudenken. Mir scheint, es spiegle sich in dem harten Anspruch auf die alleinige und einzige Wahrheit des christlichen Glaubens eben doch das Muster der europäischen Kolonial- und Industriezivilisation, die sich berufen wußte, der Welt das Heil, die Kultur, das Wissen und eben auch den Glauben beizubringen. Ich meine, wir täten gut daran, mit fremdem Wissen, fremder Erfahrung und fremden Glaubensweisen behutsamer umzugehen, ehrfürchtiger, freundlicher und weniger rechthaberisch. Wir gäben damit nicht die Wahrheit preis, wohl aber gestünden wir ein, daß die Wahrheit weder an den kirchenamtlichen Lehrsätzen zu messen sei noch an den provinziellen Maßstäben, mit denen man sich in allerlei christlichen Zirkeln der eigenen Wichtigkeit versichert.
Ich stelle mir einen der Menschen vor, die einer sogenannten primitiven Kultur und Religion angehören. Er redet zu einem Gott, den er bei einem bestimmten Namen zu nennen gelernt hat, und klagt ihm sein Elend oder bittet ihn um Hilfe. Wer hört seine Stimme? Der von ihm so genannte Gott mag einfältigen oder falschen Vorstellungen sein Wesen verdanken und mag mit Recht und Grund als »falscher Gott«, als Götze

gar, bezeichnet werden. Er ist also »nicht vorhanden«. Er lebt nicht. Gut. Aber wer hört den Ruf des »primitiven« Beters? Ich bin überzeugt: der wirkliche Gott, von dem die Bibel sagt, er »erforsche die Herzen«, sieht ihn, hört ihn, nimmt ihn wahr samt allen seinen Irrtümern, wie er uns Christen wahrnimmt samt allen unseren Irrtümern und Anmaßungen. Der Beter erreicht, wie immer sein »Gott« aussehen mag, den wirklichen Gott.

Ich bin eine lange Reihe von Jahren auf der Spur der antiken Götter gegangen, der nahöstlichen, in Persien, im Irak, in der Türkei, in Syrien, im Libanon, in Jordanien, Israel, in Arabien und in Ägypten. Dabei habe ich versucht, die Anmaßung abzulegen, die sich unter Christen darin äußert, daß sie behaupten, allein in den Propheten des Alten Testaments, in Jesus Christus und seinen Aposteln habe Gott sich offenbart. Jahrtausendelang lebten Menschen auf der Erde, entwickelten sich, formten ihre Kulturen, ihre Religionen, ihre Kunst und Literatur; immer wieder traten große Zeugen menschlichen Nachdenkens und menschlicher Frömmigkeit auf. Ich habe dabei zu verstehen gelernt: Dies alles geschah nicht ohne die Wirkung Gottes, nicht ohne die Wirkung seines Geistes. Ich bin überzeugt: Alle Erkenntnis, die aus irgendeinem Menschen, irgendeinem Volk aufstieg aus den Anfängen der Frühzeit, war Offenbarung Gottes. Niemand begreift irgend etwas von Gott, dem nicht Gott selbst sich mitgeteilt hätte. Wenn ich die Geschichte der Religionen in Gedanken mitgehe, ist dies ihr Ertrag: Niemand redet ernsthaft von Gott, dem nicht Gott selbst einen solchen Gedanken in Herz und Geist gelegt hätte.

Die biblische Schöpfungsgeschichte erzählt, Gott habe den Menschen »ihm zu einem Gegenüber« geschaffen, als ein hörendes und sprechendes Wesen, nicht nur geeignet zu sozialem Umgang mit seinesgleichen, sondern vor allem und in erster Linie zum Hören und Antworten Gott gegenüber. Wie könnten wir damit die Vorstellung verbinden, Gott habe die Jahrhunderttausende der menschheitlichen Entwicklung hindurch geschwiegen? Nein, Gott hat immer gesprochen, in den Erfahrungen, die Menschen mit ihrer Welt machten, mit Leben und Leiden, Lieben und Sterben, und in den Bildern der äußeren wie der inneren Welt, in die Sehnsucht ihrer Seele nach Wahrheit hinein, nach

Frieden und Geborgenheit, nach Gerechtigkeit und nach dem Segen des Leibes und des Ackers. Die Menschen aber nahmen immer so viel von der Sprache Gottes auf, wie es ihrem eigenen Zustand entsprach. Ich bin gewiß, alle noch so seltsamen Religionen der Geschichte oder der heutigen Welt gehören zum Garten Gottes und nicht alles, was wir Unkraut nennen, muß es in Gottes Augen auch sein.

Nach der Bibel ist Gott der Gott aller Menschen und will ohne Ansehen der Person das Heil aller. Der Evangelist Johannes sagt, das göttliche Wort erleuchte als das wahre Licht alle Menschen, die in diese Welt kommen. Daran glaube ich. Es sei denn, ich nähme an, auch unter den Christen suche Gott sich erst einmal diejenigen aus, die ohne Irrtum seien.

Ich rate, offen zu lassen, auf welche Weise Gott, der durch Christus zu uns gesprochen hat, zu anderen Zeiten, anderen Völkern, anderen Menschen und Kulturen redete. Ich rate zu Behutsamkeit im Umgang mit dem, was wir für falsch, für abwegig, für überholt halten. Ich rate dazu, daß wir die Menschen, wie immer ihre Gedanken klingen und ihre Bilder aussehen und ihre Kulthandlungen und Gebete, geschwisterlich annehmen wie Jesus Christus die Menschen seiner Zeit und seines Landes angenommen hat und uns, so glauben wir, annimmt und annehmen wird.

Was immer seit der Steinzeit an religiösem Verstehen und Erfahren geschehen ist, das geschah nicht ohne Gott. Das sagt die Geschichte von den Weisen aus dem Morgenland.

Damit sage ich nicht, wir sollten nicht nach Asien und Afrika gehen, um dort das Evangelium von Jesus Christus, das Evangelium von der Entlastung, Heilung und Befreiung des Menschen bekunden. Ich meine aber, wenn das Evangelium von Jesus Christus einmal unser eigenes Herz so verändert haben wird, daß wir die Menschen draußen brüderlich und schwesterlich annehmen können, dann werden wir gar nicht mehr soviel unternehmen müssen. Dann spricht das Evangelium aus sich selbst zu den Menschen fremder Kulturen, die auch in unserem Land aus- und eingehen und die so wenig von der Güte Gottes und der Christen bei uns erfahren.

Die Magier brachten die Gaben ihres Landes. Und ich bin überzeugt, daß die Menschen der Dritten Welt uns Europäern viel bringen können, das uns neu ist und über dem wir unseren eigenen Glauben besser verstehen können. Es ist eine Umkehr fällig. Die Geschichte von den Magiern aus dem Morgenland kann uns zeigen, worin sie bestehen mag.

Einen jungen Mann hörte ich neulich, einen verträumten Typ: »Ich suche nach Erleuchtung. Aber die Welt ist so brutal. Ich habe nichts als Feinde um mich herum. Nichts als Höllenhunde. Ich suche die Erleuchtung, aber ich habe so viel Angst, daß ich nur überleben kann, wenn ich die Augen zumache. Woher soll da die Erleuchtung kommen? Lichter fallen mir ein. Aber die Angst bleibt.«

Er sagt mit anderen Worten: Lichter fallen mir ein. Millionen Glühbirnen, die in Girlanden über die Straße hängen und Energie verzehren, Millionen Kerzen, die in Häusern angezündet werden. Millionen Sterne aus Goldpapier, die glitzern, wenn das Licht der Glühbirnen auf sie trifft, Flitter und Glitzerzeug. Nichts als Lichter fallen mir ein. Vor allem fällt mir ein, daß es trotzdem in mir selber finster ist. Und in den anderen Leuten auch. Licht! Das wäre etwas. Aber wer bringt mir schon Licht?

Dies könnten wir doch einmal versuchen: Es annehmen, daß es in uns selbst dunkel ist auch bei allen Lichtkaskaden von außen. Und nicht dorthin ausweichen, wo die Beleuchtung ist, sondern die Augen an die Dunkelheit gewöhnen und das Wort hören: Der Mensch, der im Finstern geht, sieht ein Licht. Und dann mitten in der lichtlosen Wirklichkeit unseres eigenen Herzens ein kleines Licht wahrnehmen, von einem Tag zum anderen deutlicher. Wie einen Stern, der fernab unserer Welt seine Kreise zieht. Und dann dem nachgehen, was, kaum sichtbar, vor uns her leuchtet, wie es die Männer aus dem Osten taten, bis ihnen Christus, das Licht, aufging.

# IX Die Nacht der Anbetung

Wohl die prächtigsten Tafelbilder des Mittelalters sind jene, die die Anbetung der Heiligen Drei Könige vor dem Christkind darstellen. Drei Männer in herrlichen Gewändern legen ihre Kronen ab und bieten dem Kind kniend ihre kostbaren Gaben. Maria, in blaue Gewänder gehüllt, empfängt sie wie eine Fürstin. Und das Kind sitzt, als habe es einen königlichen Thron, auf dem Schoß seiner Mutter. Wie ein großer Bühnenauftritt ist das Ganze in die Kulisse eines Stalles eingefügt.
Die Szene ist die Wiedergabe von Mysterienspielen, die in Mitteleuropa vom 11. Jahrhundert an aufgeführt wurden und bei denen die Magier als Könige auftraten, in Erinnerung an das schon genannte Wort des Propheten Jesaja:

»Schau, Finsternis bedeckt die Erde
und Dunkel die Völker.
Aber über dir geht Gott auf (wie ein Stern),
und sein Glanz erscheint über dir.
Die Völker der Heiden strömen
zu deinem Licht und Könige zu dem Licht,
das über dir aufstrahlt.«
(Jesaja 60, 2f)

Man spricht deshalb von drei Königen, weil berichtet wird, sie hätten drei Geschenke gebracht, Gold, Weihrauch und Myrrhe. Früh schon werden sie auch mit Namen genannt: Kaspar, Melchior und Balthasar treten auf als die Könige von Tharsis, Saba und Arabien. In anderen Spielen sind sie die Könige von Afrika, Asien und Europa und vertreten so die ganze damalige Welt. Zugleich sind in ihnen die drei Altersstufen der Menschen vertreten: der Greis, der Mann und der Jüngling.

Vom 15. Jahrhundert an wird einer der Könige als Afrikaner dargestellt. Und weil der Heilige und Märtyrer Mauritius als Schwarzer dargestellt wurde, nannte man die Afrikaner Mauren, später »Mohren«.
In der Volksfrömmigkeit haben die drei Könige sich zu einer Art Schutzpatronen für die Häuser und die Dörfer entwickelt. Mit einem Stern auf einer Stange zogen und ziehen Kinder von Haus zu Haus und schreiben mit Kreide einen Segenswunsch an die Türen der Häuser: »CMB«, »Christus Mansionem Benedicat«, Christus segne dieses Haus. Und weil dies zugleich die Anfangsbuchstaben der drei Könige waren, deutete man dieses alte Segenswort als »Caspar, Melchior und Balthasar«.
Johannes von Hildesheim, der im 14. Jahrhundert ein Buch herausbrachte mit dem Titel »Die Legende von den Heiligen Drei Königen«, weiß zu berichten, die Drei seien vor ihrem Besuch in Bethlehem nach Indien gezogen, wo ein hoher Berg sei mit dem Namen »Vaus«. Auf diesem Berg hätten seit vielen Jahrhunderten immer zwölf weise Männer gestanden, die auf die Erfüllung der Prophetie des Bileam achteten, und die Drei seien dorthin gezogen, um ihnen zu erzählen, sie habe sich erfüllt. Bileam hatte um 1200 vor Christus, als Israel noch auf seiner Wüstenwanderung war, gesagt:

> »Ich sehe ihn, doch nicht schon jetzt.
> Ich erschaue ihn,
> doch nicht schon in der Nähe.
> Es geht ein Stern auf in Jakob,
> ein Zepter erhebt sich in Israel.«
> (Numeri 24,17)

Als sie nun dorthin kamen, hätten sie auf dem Berg einen Turm angetroffen, auf dessen Spitze ein Stern gestanden habe. Von dorther kommt die Sitte, daß die Könige in den Weihnachtsspielen auf einer Stange einen Stern vor sich hertragen. Als nun der Stern aufging, seien die Könige, jeder allein, aufgebrochen und hätten sich erst in Jerusalem im Palast des Herodes wieder getroffen.

Die biblische Geschichte ist viel schlichter: »Als Jesus geboren war in Bethlehem in Judäa zur Zeit des Königs Herodes, siehe, da kamen Weise aus dem Morgenland nach Jerusalem und sprachen: Wo ist der neugeborene König der Juden? Wir haben seinen Stern gesehen im Morgenland und sind gekommen, ihn anzubeten. Als das der König Herodes hörte, erschrak er und mit ihm ganz Jerusalem, und er ließ zusammenkommen alle Hohenpriester und Schriftgelehrten des Volkes und erforschte von ihnen, wo der Christus geboren werden sollte. Und sie sagten ihm: In Bethlehem in Judäa; denn so steht geschrieben durch den Propheten (MICHA 5,1):

›Du, Bethlehem im jüdischen Lande, bist keineswegs die
kleinste unter den Städten in Juda;
denn aus dir wird kommen der Fürst, der mein Volk Israel
weiden soll.‹

Da rief Herodes die Weisen heimlich zu sich und erkundete genau von ihnen, wann der Stern erschienen wäre, und schickte sie nach Bethlehem und sprach: Zieht hin und forscht fleißig nach dem Kindlein; und wenn ihr's findet, so sagt mir's wieder, daß auch ich komme und es anbete. Als sie nun den König gehört hatten, zogen sie hin. Und siehe, der Stern, den sie im Morgenland gesehen hatten, ging vor ihnen her, bis er über dem Ort stand, wo das Kindlein war. Als sie den Stern sahen, wurden sie hoch erfreut und gingen in das Haus, fanden das Kindlein mit Maria, seiner Mutter, fielen nieder und beteten es an. Sie taten ihre Schätze auf und schenkten ihm Gold, Weihrauch und Myrrhe. Und Gott befahl ihnen im Traum,
nicht wieder zu Herodes zurückzukehren; und sie zogen auf einem anderen Weg wieder in ihr Land.« (Matthäus 2,1–12)

Uns beschäftigt hier nicht so sehr die Frage, ob dieser Besuch historisch ist und wie er sich im einzelnen abgespielt haben könnte, sondern die andere Frage, was der Evangelist Matthäus mit ihm sagen wollte, was er also für die junge Kirche bedeutet hat, was er über den Glauben der Christen an die Menschwerdung Gottes in Christus aussagen will. Dazu müssen wir uns noch einmal in das Land von Euphrat und Tigris und in das iranische Hochland versetzen.

Das Land im Osten war damals seit dreihundert Jahren das Reich der Parther; zu ihm gehörten Kleinasien, der Iran, Mesopotamien und Afghanistan. Als die Römer in den Osten kamen, konnten sie den Parthern Kleinasien abringen, aber in Mesopotamien, dem heutigen Irak, blieben die Parther immer wieder die Sieger. Die Hauptstadt dieses mächtigen Reiches war Ktesiphon, südöstlich von Bagdad am Tigris gelegen. Noch heute steht dort der grandiose Palast der Könige der Parthen Dieses Land war geprägt von der Licht-Finsternis-Religion des Zoroaster. Der Bringer des Lichts, die Hauptfigur dieser Religion, hieß Mithras. Er war die Sonne im physischen wie im geistigen Sinn. Er war ein Vermittler zwischen Gott und den Menschen, ein Kämpfer für das Recht gegen das Böse, ein Künder der Wahrheit gegen die Unwahrheit. Die Mithrasreligion war also geprägt durch eine scharfe Trennung zwischen zwei einander feindlichen Bereichen der Welt: In der Tiefe dachte sie das Reich der Finsternis, des Bösen, des Unreinen, in der Höhe das Reich des Lichts, der Reinheit, des Guten und der Gerechtigkeit. In der Tiefe herrschte der finstere Angra Mainyo oder Ahriman als Repräsentant des Bösen im Kosmos, in der Höhe der Lichtgott Ahura Mazda, der strahlende, geistige Gott, der als geflügelte Sonne dargestellt wurde. Schon fünf Jahrhunderte vor Christus war das jüdische Volk, als es in Babylon in der Gefangenschaft war, mit dieser Religion zusammengetroffen, und wenn damals die Schöpfungsgeschichte des ersten Kapitels der Bibel geschrieben wurde, dann im Bekenntnis gegen diese mächtige und fremde Religion: Die Welt ist von Gott geschaffen, nicht, wie die Religion des Zoroaster meinte, vom Gegengott. Sie ist also eine gute Schöpfung, nicht ein Herrschaftsbereich des Bösen. »Und Gott sah an alles, was er geschaffen hatte, und siehe, es war sehr gut«, schließt diese Schöpfungsgeschichte. Andererseits ist ein gewisser Gegensatz zwischen Licht und Finsternis auch in die jüdische Weltdeutung eingezogen. Erst von dieser Zeit an gibt es im Judentum so etwas wie einen Teufel, einen Satan, freilich nicht als Gegengott, sondern als eine Gegenkraft im Dienst Gottes. In der Zeit nach Jesus bestand in der Spannung zwischen dem iranischen und dem jüdisch-christlichen Glauben der wichtigste religiöse Gegensatz in der damaligen Welt. Noch jahrhundertelang spielte sich zwischen diesen beiden Religionen der eigentliche geistige Kampf in der spätrömischen Welt ab.

Die Menschen der damaligen Zeit empfanden diese Licht- und Finsternis-Religion als etwas Faszinierendes. Damals hatten sich im Römischen Reich unzählige Religionen vermischt, und im Gewirr der Götter und der Götternamen wußte kaum jemand mehr wirklich Bescheid. Die Welt war voll von Ritualen und Mysterienkulten. In der Erde, in der Luft und im Himmel tummelten sich die Elementargeister, die Dämonen, die Kräfte und Mächte, von denen auch in den Briefen des Neuen Testaments die Rede ist, die Erdgöttinnen und die Himmelsfürsten jeder Art und Herkunft. In den Sakramenten der Mysterienreligionen verknüpften sich Zauberei, Magie und Sternglaube aufs verwirrendste mit allen Weisheitslehren, Philosophien und Religionen. Wie wohltuend hob sich die persische Religion des Mithras davon ab! Da war alles klar: Oben war das Licht, unten die Finsternis. Der Mensch aber hatte die klare und deutliche Entscheidung zu treffen zwischen Gut und Böse, zwischen Recht und Unrecht. Es gab nur zweierlei Menschen, die Reinen und die Unreinen. Und das galt für Zeit und Ewigkeit. Wer einmal zu den Reinen gehörte, gehörte für immer den Reinen an, wer zu den Unreinen gehörte, blieb für Zeit und Ewigkeit verdammt.

Der Mithraskult wurde im 3. Jahrhundert nach Christus römische Staatsreligion. Vor allem mit dem römischen Heer wurde er bis in unsere Länder gebracht. Mithras war der endzeitliche Kämpfer des Lichts gegen die Finsternis. Und so, als Kämpfer des Lichts, wollten sich die römischen Soldaten verstehen. Auf dem weißen Pferd ritt Mithras aus gegen den Satan; noch heute bilden wir ihn ab in der Gestalt des heiligen Georg, der gegen den Drachen kämpft. Wenn wir in Spanien oder Südfrankreich Stierkämpfen beiwohnen, dann haben wir nichts anderes als den Mithraskult vor uns. In Arles finden sie heute noch im gleichen Amphitheater statt, in dem in der Zeit nach

Christus die Mithraskulte stattfanden, die ihren Höhepunkt in der Tötung eines Stiers hatten. Noch heute versteht niemand die Begeisterung der Menschenmassen in den Stierkampfarenen – er brandet in dem Augenblick auf, in dem der Stier tot zusammenbricht –, der nicht weiß, was den Menschen selbst unbewußt ist: daß der Tod des Stiers die Erlösung bringt, den Sieg der Gerechtigkeit und des Lichtes.
Unser Weihnachtsfest am 25. Dezember ist ein parthisches Erbe. An diesem Tag wurde dort die Geburt des Mithras gefeiert als der unbesiegbaren Sonne, die sich aus ihrem tiefsten Punkt erhob.

Begeben wir uns noch weiter nach Osten. In Aserbeidschan, am Kaspischen Meer, lag die Stadt Schiz, die Hauptstadt der parthischen Provinz Media Atropatene. Dort wurden die parthischen Könige gekrönt, weil in eben dieser Stadt, in einer Höhle, Mithras geboren wurde. Die Höhle lag in einem Berg. Auf dem Berg stand eine Sternwarte, auf der die Magier nach Zeichen des Heils am Himmel ausschauten und alljährlich die Geburt des Mithras feierten. In Feuergestalt, als ein leuchtender Stern, stieg dann der Retter und Herr der Welt auf den »Siegesberg« nieder und wurde in einer Höhle als das Lichtkind geboren. Am Ende der Zeiten, so glaubte man, werde er wieder in die Welt kommen. Alle Jahre warteten die Magier während dreier Tage auf die Geburt des Lichtkönigs und suchten am Himmel seinen Stern. Wenn er geboren war, zogen sie in die Höhle ein und legten ihm ihre Kronen zu Füßen.
Eine Weissagung Zoroasters ist der Hintergrund: »Horchet, ich werde euch das erstaunliche Mysterium vom Großen König offenbaren, der in die Welt kommen soll. Bei der Vollendung der Zeit, im Augenblick der Auflösung, die sie beendet, wird ein Kind empfangen und mit seinen Gliedern im Schoße einer Jungfrau gebildet werden, ohne daß ein Mann ihr nahegekommen ist.« Eine weitere persische Prophezeiung sagt: »In der Nacht, in der das Kind geboren wird, erscheint ein Zeichen für die Welt: Ein Stern fällt vom Himmel herab.«
Da erzählt nun Matthäus: Die Magier sehen einen Stern, der ihnen neu ist, und der Stern weist sie nach Westen. Sie wallfahren zu dem Kind,

in dem der Gott der Juden den schickt, der Frieden und Gerechtigkeit auf diese Erde bringt. Sie gelangen nach Bethlehem und bringen dem Kind Gold, Weihrauch und Myrrhe, also Geschenke, wie der antike Mensch sie einem König und einem Gott zu bringen hat.
Sie kommen aus einer Welt, die in Licht und Finsternis gespalten ist. Sie sehen am Himmel ein Lichtzeichen und folgern daraus, es müsse unten auf der Erde etwas geschehen sein. Der Gott des Lichts müsse sich in irgendeinem lichtvollen Ereignis kundgetan haben. Und wenn da ein König geboren sein sollte, dann müsse er der Sohn des Lichtgottes sein, vom Himmel her eingesetzt, mit der Herrlichkeit der himmlischen Erscheinung ausgestattet und mit dem Amt, auf der Erde den Kampf des Lichts gegen die Finsternis zu kämpfen. Er müsse die Menschen aus dem Bann der Finsternis und des Bösen herausreißen und sie für das Licht retten, zugleich aber die Bösen unter ihnen vernichten, zertreten, ausrotten und so das Reich der Finsternis zerstören.

Der Mithraskult hat auf vielerlei Weise das Christentum mitgeprägt. So läuft die Linie über die Mithraskulte in Südfrankreich zu der großen Ketzerbewegung der Katharer oder Albigenser, die diese Welt für die Welt des Teufels hielten und sieh in harter Askese, die bis zur Endura ging, dem freiwilligen Hungertod, von ihm befreiten. Und bis in den Sagenkreis von König Artus mit dem Berg Montsalvatsch und dem heiligen Gral reichen die Spuren dieser Religion. Viel auch von dem, was man Leibfeindlichkeit oder Weltfremdheit des Christentums genannt hat, geht auf den Einfluß jener frühen Licht-Finsternis-Religion zurück. Aber was die Magier finden, ist etwas ganz anderes: nicht ein Lichtgott in der Wiege einer Königsfamilie, sondern ein schlichtes, armseliges Kind, das ganz und gar ein Teil jener unteren Welt ist, die sie dem Dunkel und dem Widergöttlichen zugeordnet hatten; und eben diese untere Welt wird ihnen transparent für das Licht. Der Stern spiegelt sich nicht in seinem Lichtrepräsentanten auf der Erde, sondern beleuchtet eine dunkle Szene. Der Stern zeigt etwas an, das er eigentlich nicht anzeigen kann: eine Offenbarung Gottes mit den Mitteln der Dunkelheit.

Eine Offenbarung des Lichtes, ohne daß irgendwo Licht sichtbar wäre. Ein Kind, ja. Aber kein Glanz in der Höhle oder Lehmhütte. Eine arme Familie, nichts weiter. Wenn sie nichts weiter gesehen hätten, wären sie gewiß mißmutig nach Hause geritten. »Auf einem anderen Weg«, wie Matthäus schreibt, aber nicht, weil ihnen der Engel dies befohlen hätte, sondern weil sie keine Lust gehabt hätten, mit Herodes und den Schriftgelehrten von Jerusalem ihren Irrtum zu diskutieren.
Matthäus zeigt die Magier als Erkennende. Als Menschen, die die Botschaft jener Nacht verstanden. Sie erkannten das Licht in der dunklen Szene, und ihre Welt wandelte sich. Licht und Finsternis rückten nahe ineinander. Die Magier begriffen, daß hier Gott sich mit den Mitteln der Dunkelheit bekundete.

Für uns Christen hat die Reise der Magier etwas Heilsames, etwas Heilendes. Für viele von uns ist die Welt noch immer zerrissen in einen Bereich Gottes und einen Bereich des Teufels. Für viele ist Gott noch immer nicht in diese Welt eingegangen. Er ist noch immer der Gott, der von oben spricht und oben thront. Die Geschichte der Magier aber sagt, Gott sei ein Gott der Erde. Er sei ein Gott der Barmherzigkeit und nicht des Kampfs gegen die Finsternis. Sie sagt: Gott ist nicht der über einer verfluchten Welt des Bösen Thronende. Himmel und Erde sind aufeinander bezogen. Die Erde ist von Gott erfüllt wie der Himmel, und der dunkle Stall ist Gottes Ort ebenso wie das schimmernde Reich der Sterne. Der Himmel leuchtet, und die Erde ist ein Land, durch das ein Weg führt. Das ist die Erfahrung der Magier. Die Welt ist eine, Gott ist überall, und er umfaßt Himmel, Erde und Abgrund. In dem wehrlosen Kind des Lichts, das keineswegs zur Welt kam, um alle Bösen dieser Welt niederzutreten, sondern um die Menschen aus der Verstrickung in das Böse und Dunkle zu lösen, ist die Welt ganz und heil geworden.
Für die Magier war, wenn sie begriffen haben, was da vor ihren Augen geschah, alles anders geworden, als sie nach Hause ritten. Gott war größer. Die Welt war voll von Gott. Und so reisten sie nicht nur »auf einem anderen Weg«, sondern im Grunde auf einer anderen Erde, als

sie hergeritten waren, nach Hause: auf einer erlösten, einer der Finsternis gerade nicht mehr ausgelieferten Erde. In Christus, so lautet die Botschaft der Szene im Stall, ist eine neue, umfassende Zugehörigkeit des Geschöpfs zu seinem Schöpfer entstanden, eine Gemeinsamkeit zwischen den Menschen und der übrigen Kreatur.

Diesen Friedenschluß zwischen oben und unten, zwischen Himmel und Kosmos, zwischen Kosmos und Menschenwelt beschreibt der Kolosserbrief so:

»Christus ist das sichtbare Bild des unsichtbaren Gottes. Er ist sein Bevollmächtigter gegenüber allen Geschöpfen. Denn in ihm liegt das Geheimnis der Schöpfung; die Welten der Sterne und auch unsere Erde wurden durch ihn geschaffen: Das Sichtbare und das Unsichtbare, alle Mächte und Kräfte der Natur, alle ihre Elemente und ihre Gesetze wurden durch ihn. Er ist allem voraus, und alles hat seinen Bestand in ihm. Denn die ganze Fülle Gottes nahm Wohnung in ihm, damit das All durch ihn zurückfände in Gott hinein; alles, was auf Erden und im Himmel ist, fand den Frieden durch ihn.« (Kolosser 1,16–20)

Hier scheint der Pessimismus dessen, der nachrechnet, was von Kunst und Kenntnis des Menschen zu erwarten sei, gegen das Vertrauen des anderen zu stehen, dessen Glaube an Gott, den Schöpfer und Vollender der einen Welt des Himmels und der Erde, eine Wirklichkeit und nicht einen Traum meint. Und so gehen wir unseren Weg, bis uns Christus, der »Morgenstern«, aufgeht (vgl. 2 Petrus 1,19) und uns deutlich wird, daß Christus nicht nur das ferne Ziel unseres Weges, sondern hier schon unser Weg ist.

Sie taten ihre Schätze auf«, heißt es von den drei Weisen aus dem Morgenland. Was konnten sie dem Kind schenken? Ihr Gold, gewiß. Ihren Reichtum, ihre Macht. Ihren Weihrauch konnten sie geben. Die Weihe, die sie ihrer Weisheit oder Frömmigkeit verleihen konnten. Ihre Myrrhe konnten sie schenken. Ihre Bereitschaft zum Leiden und zum Opfer.

Es gab seitdem in der Tat Zeiten, in denen die Menschen dem Kind ihr

Gold schenkten: Herrschaft, Reichtum und Macht. Das heißt: Zeiten, in denen Christus für die Christenheit in erster Linie der Herrscher war, der im Himmel thronte und der den Herrschern auf der Erde ihre Legitimation gab.
Es gab andere Zeiten, in denen die Christen dem Kind Weihrauch opferten: Frömmigkeit, Hingabe, Demut, Gebet, wie man sie dem heiligen Gott selbst darzubringen pflegte, in denen sie in Christus also vor allen Dingen den himmlischen Priester sahen.
Wir leben in einer Zeit, in der wir vor allem unsere Aktivität bringen und meinen, mit ihr ehrten wir Christus. Wir arbeiten und wirken für die Welt und' für die Menschen und für die Kirche. Vielleicht wäre unser Teil die Myrrhe, das Zeichen des Opfers, des Leidens und der Hingabe.

# X Nächtliche Verfolgung

Als die Magier sich in Jerusalem von Herodes verabschiedet hatten und in Bethlehem angekommen waren, begegneten sie dem Herodes auf eine andere Weise. Wenige Kilometer südöstlich des Orts erhebt sich ein steiler Kegel markant aus der Landschaft. Es ist der Har Hordos oder das Herodeion, eine Festung, die sich Herodes hatte bauen lassen. Es war ursprünglich ein runder Berg, den Herodes zu einer vulkanähnlichen Form aufschütten ließ und der so fremd in den Hügeln Judäas steht wie das Königtum des Herodes in der Geschichte dieses Volks. Als stete Warnung, der gehaßte und gefürchtete König, dieser Mörder auf dem Thron, sei jederzeit gegenwärtig, erhob sich dieser Berg gegenüber Bethlehem.

So hat es durchaus Sinn, daß jene blutige Geschichte folgt, nach der Herodes, als er sah, daß die Weisen »auf einem anderen Weg wieder in ihr Land gezogen waren« und er also betrogen sei, alle Knaben in Bethlehem töten ließ, die zweijährig und darunter waren. Und das ist keineswegs aus der Luft gegriffen, sondern entspricht seiner jahrzehntelangen Praxis.

Wenn ein Aufruhr drohte, wenn der Haß der ausgebeuteten und erniedrigten Judäer aufflammte, verließ Herodes Jerusalem und brachte sich auf seiner Burg bei Bethlehem in Sicherheit. Wurde es noch gefährlicher, konnte er sich und seinen ganzen Hof auf die grandiose Bergfestung Masada am Toten Meer verlegen. Und als letzte Zuflucht für den gehetzten, von Angst gejagten Tyrannen blieb ihm am Ende noch die Festung Machärus im heutigen Jordanien.

Herodes, der kein Jude war, sondern aus dem Wüstenvolk der Idumäer stammte, wurde um das Jahr 73 vor Christus geboren. Über seinen Lebensweg sagt ein Zeitgenosse: »Herodes stahl sich seinen Thron wie ein Fuchs. Er regierte wie ein Tiger. Er starb wie ein Hund.« Das dürfte zutreffen.

Um im jüdischen Gerichtshof die Mehrheit der Stimmen auf seiner Seite zu haben, ließ er fünfundvierzig Mitglieder hinrichten und ersetzte sie durch ihm ergebene Leute. Die Hohenpriester ernannte und beseitigte er, wie er es für tunlich hielt. Er überzog das ganze Land mit Festungen, die ihm teils als Gefängnisse für politische Gegner, teils als Fluchtburgen dienten. Er ließ seine Gemahlin Mariamne ebenso hinrichten wie ihre Mutter und seine eigenen Söhne Alexander und Aristobul. Augustus soll danach gesagt haben, er möchte lieber ein Schwein im Hause des Herodes sein als sein Sohn. Wenn er einen Aufstand von Soldaten witterte, ließ er ganze Truppenteile hinrichten. Sechstausend Pharisäer, die sich weigerten, dem Kaiser den Treueid zu leisten, wurden umgebracht. Wenn jemand unter den Juden, die auf den Messias warteten, von dieser seiner Hoffnung sprach, also von seiner Hoffnung auf einen König, der an die Stelle des Herodes treten sollte, wurde er hingerichtet.

In diese Stadt Jerusalem, in der niemand mehr wagte, von dem kommenden König, dem Christus, laut zu reden, kamen nun plötzlich fremde Männer aus dem Osten und fragten ahnungslos und mit erwartungsvollen Gesichtern: »Wo ist der neugeborene König der Juden?« Wir verstehen, daß Matthäus sagt: »Da erschrak Herodes und mit ihm das ganze Jerusalem.«

Mag es sich nun mit dem Kindermord in Bethlehem zugetragen haben, wie es wolle, mag man ihn für historisch oder nichthistorisch halten: daß eine solche Reaktion dem Herodes voll entsprochen hätte, sowohl seiner Angst als auch seiner zügellosen Brutalität, steht außer Zweifel. Wenn er, was nach unseren Erkenntnissen noch immer geschichtliche Tatsache sein kann, in Wahrheit dieses Blutbad nicht veranstaltet haben sollte, dann träfe der Vorwurf des Neuen Testaments und sein Titel »Kindermörder« jedenfalls keinen Unschuldigen.

Zuvor aber »erschien der Engel des Herrn dem Josef im Traum: Steh auf, nimm das Kind und seine Mutter mit dir und flieh nach Ägypten und bleibe dort, bis ich es dir sage. Denn Herodes will das Kind suchen,

um es umzubringen. Da stand er auf, nahm das Kind und seine Mutter mit sich bei Nacht und entwich nach Ägypten.« (Matthäus 2,13f)
Ich stelle mir vor, wie Josef, als er erwachte, in aller Heimlichkeit und Eile ihre paar Sachen zusammenpackte, Maria das wohl wenige Monate alte Kind auf den Rücken nahm in dem landesüblichen Tuch und sie zu Fuß – vielleicht ist der Esel, mit dem wir sie gerne ausstatten, schon übertrieben – um Bethlehem herumgingen – die Stadt war voll Soldaten – nach Hebron und Beerscheba, dann nach Westen an die Küste, nach Gaza, wo heute die palästinensischen Flüchtlinge in einem schmalen Streifen Land zusammengedrängt leben, und auf der alten Flüchtlingsstraße durch die Sanddünen des nördlichen Sinai bis an die ägyptische Grenze. Dort wartete mancher Asylsuchende Wochen und Monate, bis sich ihm der Schlagbaum auftat. Und ich stelle mir vor, was danach kam an Mühsal und Armut.
Die Geschichte von der Flucht nach Ägypten gehört zur Weihnachtszeit, als wäre sie ein schönes, spannendes Kindermärchen. Wenn aber der Jude das Wort »Ägypten« hörte, dann fiel ihm die lange Geschichte der Verfolgungen ein, die mehr als zweitausend Jahre lang die Menschen in das Land am Nil trieben, aus dem ganzen syrisch-palästinensischen Gebiet. Er sah auch seine eigenen Vorfahren, Hirten und Viehzüchter, die im Grenzgebiet zwischen Wüste und Kulturland wanderten, die im zweiten Jahrtausend vor Christus in eine Hungersnot gerieten und nach Ägypten flohen, aus der tödlichen Freiheit in die gesicherte Sklaverei, bis Gott sie eines Tages wieder in die Freiheit führte durch Wasser und Wüste nach einer abenteuerlichen Flucht. Und heute, im »Jahrhundert des Flüchtlings», flüchten sie nicht nur auf Eseln, sondern auch auf Eisenbahnwaggons, auf Panjewagen oder zu Fuß, auf dem Rücken von Angehörigen oder auf Krücken: Millionen, im Nahen Osten, in Indien und Pakistan, in Hongkong und anderswo in unserer Welt.

Es ist wichtig zu wissen, daß das Kind Christus ein Flüchtling war.

# XI Heimweg

»Als aber Herodes gestorben war, erschien der Engel Gottes dem Josef im Traum in Ägypten und sprach: Steh auf, nimm das Kindlein und seine Mutter mit dir und zieh in das Land Israel. Sie sind gestorben, die dem Kind nach dem Leben getrachtet haben.« (Matthäus 2,19f)

Herodes starb, wie gesagt, im April des Jahres 4 vor Christus, also zu einer Zeit, als das Kind Jesus drei Jahre alt war. Über sein letztes Jahr berichten die Zeitgenossen als von einem »würdigen« Abschluß seiner Tyrannen- und Henkerlaufbahn.

Er hatte an einem der Tore des Tempelplatzes einen großen, vergoldeten Adler, ein Symbol der römischen Herrschaft, anbringen lassen, der für die gesetzestreuen Juden eine tägliche Beleidigung war. Als sich in Jerusalem herumsprach, der König liege im Sterben, stiegen zwei Rabbinen hinauf und rissen den Adler ab. Das Volk schaute begeistert zu. Aber Herodes, der alte Wolf, war noch nicht tot. Auf seinem Sterbelager ordnete er an, die beiden Schriftgelehrten seien lebendig zu verbrennen. Und so geschah es.

Als sich in den Gefängnissen des Landes das Gerücht verbreitete, der König sei tot, rief sein Sohn Antipater, der in Jericho gefangen lag, den Kerkermeister und bot ihm an, ihn fürstlich zu belohnen, wenn er ihm heraushelfe. Der Kerkermeister aber meldete den Vorgang. Da befahl Herodes, seinen Sohn sofort hinzurichten.

Josephus, der Geschichtsschreiber jener Epoche, berichtet von einem Gespräch zwischen Herodes und seiner Schwester Salome. Als er sich in seinen Qualen wand – er hatte mehrere Krankheiten, darunter einen Krebs –, sagte er zu ihr: »Meine Schmerzen zeigen mir, daß ich bald sterben werde. Mir tut nur leid, daß ich unbetrauert und unbeweint bleiben werde. Das ist eines Königs unwürdig.« Als Salome ihn zu beruhigen versuchte, fuhr Herodes fort: »Schweig, ich kenne die Juden. Sie

werden sich über nichts mehr freuen als über meinen Tod. Ich befehle darum: Laß die Vornehmen des jüdischen Volks in der Rennbahn in Jericho zusammenkommen. Wenn sie versammelt sind – 15000 sollen es sein –, dann laß die Rennbahn schließen und von meinen Bogenschützen bewachen. Wenn ich meinen Geist aufgebe, läßt du sie mit Pfeilen erschießen. Es soll in meinem Reich keine Familie geben, die nicht einen Toten zu beklagen hat. Dann werden auch bei meinem Tode Trauer und Klagelieder im ganzen Land laut werden.« Salome freilich verhinderte die Ausführung dieser letzten Greueltat.

In der Zeit danach also zog Josef mit Maria und dem Kind die lange Wüstenstraße zurück nach Judäa. Als er aber hörte, in Judäa sei als Nachfolger des Herodes sein Sohn Archelaus an der Macht, dem der Ruf vorausging, er sei nicht besser als sein Vater, fürchtete Josef sich, dorthin zu gehen. In einem weiteren Traum empfing er Weisung von Gott, nach Galiläa zurückzukehren, nach Nazareth.

Er zog durch ein aufgewühltes Land. Als er nach Galiläa kam, so rechne ich, tobte dort jener Aufstand, von dem ich schon erzählt habe, den der römische Statthalter von Syrien, Varus, mit drei Legionen blutig niederschlug. Sechs Kilometer von Nazareth ging Sepphoris in Flammen auf. Durch was für ein Land muß die Familie gewandert sein, durch wieviel Gewalt und Angst, Gefahr, Leid und Tränen der Menschen! Als sie in Nazareth ankamen, fanden sie den Ort – ich kann es mir kaum anders vorstellen – ausgeraubt und zerstört vor, und vielleicht lebten sie danach weniger in einem Haus als vielmehr in den Höhlen unter den Häusern.

Als Jesus zwölf Jahre alt war, überzog der nächste Krieg das Land. Von der Stille jener beschaulichen Zimmermannswerkstatt, von der christliche Bilder so gerne träumen, dürfte um das Kind Jesus her nichts gewesen sein.

Es ist folgerichtig, wenn Jesus zwanzig Jahre später in der Bergpredigt sich an die Partisanen seines eigenen Volks wendet, die Haß und Mord der Römer mit Haß und Mord erwiderten, und leidenschaftlich den Frieden sucht und seinem Volk Wege zeigt, wie er zu finden sei. Sollte der Berg, auf dem er diese seine Rede hielt, der Arbel am Westufer des Sees Genezareth gewesen sein, dann waren unter ihm und seinen Hörern in den Felsen die Schlupflöcher der Aufständischen. Es war lebensgefährlich, hier von Gewaltlosigkeit zu reden oder gar von Liebe zum Feind. Jesus begab sich bewußt zwischen zwei Feuer. Am Ende sah er sich als Opfer, das er beiden, seinen Mitbürgern und den Römern, brachte, um den Menschen miteinander das Leben zu ermöglichen.

Ich stelle mir an Weihnachten vor, wir heutigen Christen wanderten mit der Familie Jesu von Ägypten nach Nazareth zwischen Soldaten, die erbarmungslos zuschlagen, Aufständischen und den leidenden und gequälten Menschen dieses Landes. Es muß uns nach allem, was in unseren Tagen im Nahen Osten geschehen ist, durchaus vorstellbar sein, was da geschieht und was von Menschen, die von Jesus Christus herkommen, gefordert ist. Es hat schon seinen Sinn, wenn wir an Weihnachten vom »Frieden auf Erden« reden. Wenn unser Christfest, das wir zur Feier der Geburt Jesu Christi begehen, uns Wege zum Frieden zeigt, dann erfüllt es seinen Sinn. Das bedeutet freilich, daß uns das Fest nicht Lametta und Kerzenlicht allein bringt, sondern vor allem schwere und mühsame Aufgaben stellt, uns dafür allerdings auch die Kräfte gibt.

Gehen wir also in Gedanken mit dem Kind Jesus durch die Kriegslandschaft von Israel und denken wir über den Frieden nach, dann wird man uns zu Träumern erklären. Aber mit einem Träumer hat man auch ihn verwechselt. Dann mag unsere Bemühung so verletzlich sein wie der Mann, der am Ende am Kreuz starb. Dann mag, was wir tun, bestreitbar sein. Dann kann darüber gesagt werden, es sei alles ein Irrtum. Das hat man über sein Wort auch gesagt. Dann mag man sagen: Es hat alles keinen Wert, es ist alles verlorener Einsatz, wie es seine Jünger selbst zwischen Karfreitag und Ostern empfunden haben mögen. Ist Christus das Maß, dann erwarten wir keine schnellen Lösungen, sozusagen Brot, aus Steinen gemacht. Dann erwarten wir keine plötzlichen Wunder, kein Überfliegen der Wirklichkeit von den Zinnen des Tempels aus. Dann erwarten wir nicht, daß die Reiche der Erde und ihre Herrlichkeit uns zu Füßen liegen. Es geht dann nur um eins: in der Unauffälligkeit jener Knechtsgestalt das eine oder andere zu tun, das irgendeinem Menschen hilft, und nicht wissen zu wollen, was dieser tun wird, wenn er auf seinen eigenen Füßen steht. Vielleicht denkt ein Mensch, dem wir Frieden bringen, danach sehr unbequeme Dinge. Vielleicht fragt er nach unserer Gerechtigkeit. Vielleicht ist er uns nicht einmal dankbar. Vielleicht, wenn wir ihm helfen, seine Feindbilder wegzulegen, macht er uns zum Ersatz dafür zu seinem neuen Feindbild. Das werden wir zu tragen versuchen, ohne aus dem Raum des Friedens herauszutreten.

Vor seinem Tode sagt Jesus: »Wenn einer mich liebt, wird er sich an mein Wort halten. Ihn wird der Vater lieben, und der Vater und ich werden zu ihm kommen und in ihm wohnen. Ich lasse euch Frieden im Abschied. Meinen Frieden gebe ich euch. Meine Gabe ist anders als die Gaben der Welt. Euer Herz erschrecke nicht und fürchte sich nicht.« (Johannes 14,23.27)

Frieden, das heißt: nicht im Haß leben und nicht im Streit. Frieden, das heißt: nicht sich verzehren in Vorwürfen gegen Gott oder die Menschen. Es heißt: Freundlichkeit geben und nehmen. Vertrauen schaffen und Vertrauen genießen. Es heißt vor allem: nicht beunruhigt sein durch all das, was geschehen ist, was versäumt wurde durch Verschulden und Versagen im ganzen Jahr. Nicht beunruhigt sein durch die Erwartung, es werde auch im neuen Jahr wieder eine Menge Versäumnis und Versagen geben. Frieden heißt: sich mit allem, was war, was ist, was kommt, in die Hände Gottes legen.

Wenn wir uns sorgen um den Frieden unter den Menschen und den Völkern und wissen, daß wir nach dem Willen unseres Herrn die Friedensstifter sein sollen; wenn uns darüber gelegentlich der Mut verläßt und wir uns sagen: Was wollen denn wir paar armen Menschen? Was wollen denn wir ändern? Was wollen wir verhindern? Dann ist es erst recht nötig, daß wir gut zuhören, was Jesus seinen Jüngern, diesem kleinen, gefährdeten Häuflein machtloser und wehrloser Menschen sagt.

Er sagt nicht: Vertraut auf eure Kraft! Setzt euch durch! Sondern: »Ich gebe euch Frieden. Euer Herz erschrecke nicht und fürchte sich nicht!« Ihr braucht euch nicht zu verstecken. Ihr braucht keine Helden zu spielen. Ihr braucht die Leute in Jerusalem und Rom, oder heute die Leute in Bagdad oder Washington, nicht zu verfluchen. Ihr habt keine Panik nötig. Ich gebe euch die Kraft, die der Geist des Friedens hat.
Macht euch keine Sorgen. Wenn mein Friede in euch ist, dann geht der Friede, den die Menschen brauchen, von euch aus. Wo Licht ist, wird es hell. Wo Kraft ist, wirkt sie. Wo Freiheit ist, breitet sich Freiheit aus. Das ist einfach. Es ist klar und gewiß. Ich gebe euch Frieden, und ihr schafft dem Frieden Raum in dieser Welt. Ihr braucht niemand zu hassen, niemand zu fürchten. Ihr geht wehrlos euren Weg und schafft Raum für den Geist des Friedens. Wo immer Menschen an Gewalt glauben, geht den Weg der Güte. Es gibt keinen anderen Weg zum Frieden.
Und so standen damals die Freunde des Meisters aus Nazareth aus ihrer Angst auf und gingen ihren Weg.

Wir sind in den Tagen nach dem Fest auf dem Weg ins neue Jahr. Wenn ich an die rund fünfundsechzig Neujahrsnächte zurückdenke, die ich bewußt erlebt habe, dann fällt mir ein, wie ich in meiner Kindheit, lange vor dem Krieg, mit meinen drei Brüdern und meiner Mutter zusammen aus der Stadt Ulm hinaus gewandert bin, mitten in der Nacht, so daß wir mit dem Schlag zwölf Uhr oben auf einem der Berge waren, die sich um Ulm herum erheben. Da fingen dann die Glocken des Ulmer Münsters an zusammen zu läuten, tief und voll und mit ihrer ganzen tragenden Kraft. Das neue Jahr hat durch meine ganze Jugend hin mit diesen Glocken begonnen, und in Gedanken höre ich sie immer noch, heute, wenn das alte Jahr vergeht und das neue beginnt.
Wenn ich im neuen Jahr zwischen dem Streit der Völker und den darunter leidenden Menschen meinen Weg gehen soll, dann sagen mir diese Glocken ungefähr dies: Es mag mir widerfahren, was will, es führt mich einer durch meine Jahre. Was um mich her geschieht, spricht zu mir und ruft mich auf, zu tun, was um der Menschen und um des Frie-

dens willen getan werden muß. Was ich empfange an Kraft und Güte, ist ein Geschenk. Alle Wahrheit, die ich verstehe, alle Liebe hat mir einer zugedacht. Alles, was mir zufällt, fällt mir aus einer guten Hand zu. Was mir schwer aufliegt, ist mir auferlegt durch einen großen und wissenden Willen. So öffne ich mich dem, was kommt. Ich brauche nichts zu fürchten, auch nicht das Älterwerden, auch nicht das Abnehmen der Kräfte. Es hat alles seinen Sinn in den Gedanken Gottes. Wie sollte ich etwas fürchten, das Sinn hat?
Der Priester Zacharias, so erzählt die Weihnachtsgeschichte, sprach einen Hymnus, als ihm sein Kind Johannes, der Vorläufer Jesu, im Arm lag:

»Ich preise Gott,
denn er ist uns nahe und macht uns frei.
Ihm dienen wir ohne Furcht unser Leben lang
heilig und gerecht.

Du, Kind, wirst ihn verkündigen.
Du wirst dem Christus vorangehen,
seinen Weg zu bereiten.
Du wirst seinem Volk zeigen,
wie ihm Heil widerfahren wird,
Befreiung aus seiner Schuld.

Denn die herzliche Barmherzigkeit
unseres Gottes wird uns begegnen,
Licht aus der Höhe wird uns besuchen;
denen wird es erscheinen,
die in Finsternis sitzen und im Schatten des Todes.

Er wird unsere Füße leiten
auf den Weg des Friedens,
und Friede wird über unseren Schritten sein.«
(Nach Lukas 1,68ff.)

# XII Die Nacht des kommenden Advent

Als Jesus rund dreißig Jahre später als Pilger zum Passafest kommt und auf einem Esel in die Stadt Jerusalem einreitet, da kommen die Menschen ihm entgegen. Palmzweige werden abgerissen und geschwenkt, Kleider auf den Weg gebreitet. Ein altes Prophetenwort wird aufgegriffen:

»Siehe, dein König kommt zu dir,
reitend auf einem Esel,
Frieden bringend ...«
(Sacharja 9,9)

Alles scheint darauf hinauszulaufen, daß Jesus, von den Wogen der Begeisterung getragen, in den Tempel einzieht und zum König ausgerufen wird. Aber jeder, der die Ereignisse kennt, wird wissen, daß dies nicht in Jesu Absicht lag. Als er in den Tagen danach einmal drüben auf dem Ölberg saß, rief er aus: »Wenn du doch verstehen könntest zu dieser Zeit, was zu deinem Frieden dient! Aber es ist deinen Augen verborgen. Tage werden kommen, da werden deine Feinde um dich her einen Wall aufschütten, dich belagern und von allen Seiten einschließen. Sie werden dich schleifen und keinen Stein auf dem anderen lassen, weil du die Stunde nicht erkannt hast, in der du besucht wurdest.« (Lukas 19,42–44) Über der Begeisterung jener Tage liegt der Schatten der Zukunft. Was hätte denn dem Frieden gedient? Worauf wäre es angekommen? Was wäre notwendig gewesen, damit die Zukunft nicht Schrecken und Untergang, sondern den Frieden gebracht hätte? Was wäre heute nötig, da der Unfriede eher größer und die Hoffnung auf Frieden eher geringer wird, in der Zeit, da die Bomberströme so tun, als lebten wir in primitiven Zeiten, und die brennende Erde von der ungeheuren Einfallslosigkeit der Menschen zeugt?

Jesus sagt: Ich sage dir ein leises Wort, ein behutsames, ein verletzliches. Du mußt es nur aufnehmen, wie ein Acker ein Samenkorn aufnimmt, so wird daraus das Neue, das ganz andere, der Friede, das Gottesreich wachsen. Oder: Du brauchst es nur zu ergreifen wie einer eine Perle in die Hand nimmt, und du hast das Reich Gottes in der Hand, du hast es für die Menschen um dich her. Oder: Du brauchst es nur aufzunehmen, wie einer Brot in sich aufnimmt, und es wird zu deinem besten Eigenen. Es wird zum neuen Menschen in dir, zu einem Kind, das in dir entsteht, und es wird heranwachsen zu der Tochter Gottes, dem Sohn Gottes, zu dem du bestimmt bist.

So kommt Jesus in die Stadt, trauernd über das unermeßliche Leiden und Sterben, das sich im römischen Krieg wenige Jahrzehnte später ereignen wird. Die Welt, so sagt er in jenen letzten Tagen, hat das Tal des Leidens noch nicht durchschritten. Es wird noch viel Schreckliches geschehen, Unbegreifliches, und das Heil der Menschen wird daran hängen, ob die Wissenden den Blick über die Zone des Grauens hinaus in die Zukunft richten, auf das Reich Gottes hin.

Es wird, sagt Jesus, ein Ende folgen, ein Ende der Weltgeschichte. Die Geschichte der Menschheit spielt zwischen der ersten Ankunft Gottes, die wir an Weihnachten feiern, und einer zweiten Begegnung mit ihm, jenseits aller Gräber, auf welche nicht vorstellbare Weise dies immer geschehen mag. Die Christenheit hat von dieser zweiten Begegnung mit Christus immer als von einem »zweiten Advent«, einer zweiten Ankunft gesprochen.

Paulus bezeichnet die Schrecken der Weltgeschichte als die Wehen, die die Welt durchzustehen habe, bis die neue geboren sei (Römer 8). Und Jesus spricht von einer Frau, die ein Kind unter Schmerzen zur Welt bringt, die aber, wenn das Kind geboren ist, nicht an die Angst und Qual denkt, die sie durchgemacht hat, sondern glücklich ist über das Neue, das Kind in ihren Armen (Johannes 16,21).

Die Weihnachtsgeschichte spielt nur in ihrem ersten Teil in einer fernen Vergangenheit. Aber schon da sagt sie uns: Das Kind in dir ist ungefährdet. Es wächst, es wird ans Licht treten. Die Bilder der Weihnachtsgeschichte erlauben uns zu träumen. Und wenn der Traum vom vollendeten Dasein keine Wahrheit hat, so ist das Fest der Geburt des Christus ganz und gar entbehrlich. In ihrem zweiten Teil spielt sie in der Zukunft, in unserem persönlichen Schicksal und im Schicksal der Menschheit. In der Begegnung mit dem Christus, der in Bethlehem ein Kind war, in Galiläa ein Mann und in Jerusalem der Leidende. Vor ihm verantworten wir uns an jenem Tag, an dem die Nächte dieser Erde hinter uns liegen, an jenem zweiten Advent, von dem ich mir keine Vorstellungen mache und der ganz gewiß anders geschieht, als ich mir vorstellen würde.

Aber eines kann ich: Ich kann mir wünschen, daß seine Kraft in mir wirke. Daß seine Weisheit in mir sei. Seine Güte. Seine Leidensbereitschaft. Dann entsteht eine Gelassenheit in mir, in der ich stehen kann, und es entsteht eine Stille, die ich nicht aus mir selbst habe. Eine Gewißheit, die es mit aller Angst am Ende aufnimmt. Dann brauche ich mich gegen diese Welt und die Menschen nicht zu wehren. Sie gehören zu mir. Ich brauche niemand zu hassen oder zu fürchten. Ich kann mir erlauben, auszusprechen, was andere verschweigen. Ich kann das Unbequeme tun, Zwänge durchbrechen, die Freiheit anderer schützen, für die Sprachlosen reden, das Unterdrückte benennen und, wenn es denn sein muß, um der Menschen willen auch das Schicksal des Leidenden übernehmen. Es ist dann allein wichtig, daß ich in Übereinstimmung bleibe mit dem Wort, das ich von Jesus Christus höre. Solange es in mir »wohnt«, wie Jesus sagt, bleibt mir im großen Meer der Täuschungen die Wahrheit, in der unendlichen Finsternis das Licht und am Ende in der grundlosen Tiefe des Todes das Leben.

Jesus sagt: Es gibt einen Weg zum Leben und einen Weg zum Tode. Der Weg zum Leben ist nicht so sehr ein Weg der Moral, sondern des Vertrauens. Und der Weg zum Tode ist nicht so sehr der Weg des Bösen, als vielmehr des Unglaubens. Wer den Weg zum Leben geht, sagt: Die Zukunft ist offen. Es ist ein Weg da. Es kann mir viel begegnen, was ich nicht kenne. Ich baue also keine Mauern um mein Leben, sondern überschreite seine Grenzen von Tag zu Tag. Ich sichere meine Freiheit

nicht, sondern lebe in ihr. Ich habe Raum zum Leben und zum Atmen. Und am Ende wird mir Gott begegnen mit dem Gesicht des Christus, den ich kenne.
Wenn das alles aber nicht gelingt? Wenn die Angst stärker ist und sich in uns alles versperrt und vermauert? Wenn wir von Freiheit reden und doch Knechte unserer Sorge sind? Dann gilt: »Wenn unser Herz uns anklagt, so ist Gott größer als unser Herz und weiß alle Dinge« (1 Johannes 3,20).
Er weiß alle Dinge. Das ist nicht ein Wissen, vor dem wir uns verschließen oder verbergen müssen, sondern das mit liebender Behutsamkeit aufschließen will, auftauen, öffnen und weiten. Es ist ein Wissen, in dem man Frieden findet. Ein Wissen, das heilt. Wenn Gott alles weiß, dann ist nichts harmlos und nichts gleichgültig, dann hat alles sein Gewicht. Es ist auch nichts unheimlich, sondern alles in der Klarheit Gottes gewußt und gewogen.
Wenn Gott alles weiß, dann legen wir ihm unsere Angst in die Hand und sagen: Du wirst mir die Augen öffnen, daß ich nicht Finsternis sehe, sondern Licht. Dann legen wir ihm unsere Schuld in die Hand und sagen: Du wirst mich nicht fallen lassen, gib mir die Kraft, daß ich an dir bleibe. Und dann legen wir ihm alle kleinen Dinge, unser Glück und Leid, unsere Tage und Stunden und alles Werk in die Hand und sagen: Du weißt es. In dir hat alles seinen Sinn, seine Klarheit und sein Ziel. Laß mich durch alles hindurchgehen als dein Kind.

So gehen wir durch das Tor des Jahres, das sich uns in der Nacht öffnet, und lesen den 121. Psalm:

»Gott behüte dich vor allem Übel.
Er behüte deine Seele.
Gott behüte deinen Ausgang und Eingang
von nun an bis in Ewigkeit.«

Der Weg durch die Nacht in ein neues Jahr ergreift uns deshalb so elementar, weil er etwas an sich hat von dem großen Übergang von der Zeit in die Ewigkeit. Wir ahnen, daß das Ziel unseres Daseins Anbetung sein wird, nun nicht mehr in einem Stall, sondern in seinem Reich und in einem großen Licht.